オードリーのオールナイトニッポン in 東京ドーム

AUDREY ALL NIGHT NIPPON IN TOKYO DOM

公式 余韻本

シマダヤ
nippn
あんしん財団
能美防災
ダイダン
ECC
FUJITEC
azbil

おともだち

作詞　星野源
作曲　星野源

ただ　居場所が近かった
ばらばらの二人
「側にいる」が
なんでもなかったな

うわ　もう何年だろうか
皺だけ増えたな
うんざりさ　君は
「当たり前」だ

知ってること
知らぬことも
たぶん　世界一なんだ　やだわ

どこまで行けるかわからないのに
心踊り　続けてきたんだ
闇の中もくだらない話だけが
僕ら　続く理由だから

運命なんてクソだわ
別に好きとかじゃない
波の数が
たまたま合うだけ

歩みが遅くなるのは
いつものことさ
やめることだけが
予定にないんだ

いかれてるな
馬鹿げてるな
笑う　長電話みたい　やだな

いつまで続くかわからないほど
夜を喋り　倒してきたんだ
受話器降りるまでの命さ
それが　生きている秘密だから

どこまで行けるかわからないのに
心踊り　続けてきたんだ
俺ら　まだ始まってもないんだ
嘘さ　例の映画じゃないんだから

いつまで続くかわからないほど
夜を喋り　倒してきたんだ
闇の中もくだらない話だけが
僕ら　続く理由だから

CONTENTS

開演前

2024年2月18日（日）、2023年3月の開催発表から1年近くかけて展開されてきたプロジェクト「オードリーのオールナイトニッポン in 東京ドーム」が、ついにライブ当日を迎えた。

若林は自身を「雨男」だと言うが、5年前の武道館ライブ「オードリーのオールナイトニッポン10周年全国ツアー in 日本武道館」（2019年3月2日）に続いて今回も好天に恵まれ、東京ドームの上には真っ青な空が広がっている。

ドーム周辺もオードリーのオールナイトニッポン（以下、ANN）一色。オードリー&チーム付け焼き刃ののぼりがズラリと並び、街灯にもフラッグが掲げられ、とんでもないことが行われそうな期待感が高まっていく。

物販が9時から開始されるとあって、ドーム周辺には朝から多くのリトルトゥースの姿があった。

物販ブースには大行列ができていたが、販売開始後も混乱はなく、皆粛々とグッズを購入していく。だが、その顔はホクホクの笑顔で、購入したグッズをベンチに広げたり、早速パーカーに着替えたりと、思い思いの時間を楽しんでいた。

行列の先頭に並んでいたのは、前日に名古屋からやってきたというウエハラさん。ブースから出てきたところでお話を伺い、購入したグッズを見せてもらっていると、ウエハラさんから衝撃のひと言が。「ドームのチケットは外れたので、このあと（オードリーのANN）15周年展を観たら、名古屋に戻ってライブビューイングで観ます。グッズはどうしてもブースに並んで買いたかったんですよね」。やはり先頭に並ぶリトルトゥースは、愛と気合と行動力が違う。

まだ午前中、ライブ開始まで5時間以上もあったが、ドーム周りにはグッズ目的の人だけでなく、純粋にお祭りムードを楽しんでいるリトルトゥースの姿もあった。オードリーのねぶたの前で記念撮影していたリトルトゥース親子に話を聞いてみると、なんとなく気持ちが高まって朝からドームに来てしまったという。

一方、リハーサルを控えた主役のオードリーも、早々にドームにやってきていた。

午前10時ごろ、岡田（裕史）マネージャーとともに若林が楽屋入り。楽屋で盟友のサトミツこと佐藤満春と明るく挨拶を交わすなど、リラックスした様子。その後も藤井青銅やチェ・ひろしなどの付け焼き刃メンバーと談笑しながら、リハーサルを待つ。

続いて春日も10時20分ごろ楽屋入りしたが、事前にスタッフから聞いていた場所とは違う入口からやってきたため、密着動画チームが楽屋入りを撮り逃す事態に。

どちらが間違えたのか。議論の末、「春日が悪い」という結論に至り、楽屋入りのシーンを撮り直す。「入りからバタバタしてんな（笑）」「そんなに入り撮る？」などと言いながらも、春日は来た道を引き返して改めて楽屋へ入り直していた。

物販には
行列ができていた

青空にはためくフラッグ

物販の先頭に並んでいた
勇者・ウエハラさん

ガチャも盛況。
みんなお目当てを出そうと
何度もトライしていた

ドーム周辺にはのぼりや
フラッグがズラリ

開場時間が近づくころには、ドーム前は人で溢れかえっていた

買ったばかりのグッズを
早速広げる人々

朝からねぶたを見にきていた
リトルトゥース親子

MIC会長の呼びかけで、
谷口さんの撮影会が
行われていた

楽屋入りする若林

チェ・ひろし(164)&藤井青銅(0)

サトミツ&ニッポン放送・冨山雄一

楽屋入りが嚙み合わず、
やり直しさせられた春日

リハーサル

11時、リハーサル開始。巨大なLEDの壁が鎮座するメインステージと、会場中央にせり出した円形のセンターステージ、そしてドーム全体を改めて確認する若林と、ドームを噛みしめるようにゆっくりと歩く春日。ひと通り会場を回ると、入場シーンのチェックがスタートした。

この1年、全力でライブをやり抜くために肉体改造に励んだ若林の相棒である自転車が、メインステージにせり上がる。

自転車に搭載した機材のセッティングにスタッフが少し手こずり、一時的に進行が止まる場面もあったが、若林はその様子を冷静に見守る。

次にセンターステージにせり上がってきたのは、おなじみのラジオブースだ。東京ドームでラジオができる喜びからか、ほのかにオードリーのテンションも上がる。

どの程度会話できるのかを確認しながら、「イヤモニ（※1）なしでも全然いけそうだなぁ」と手応えを感じた様子の若林。東京ドームにいつものジングルが流れると、「おお～、すげー」と感激していた。一方で、滞りのないベストなパフォーマンスを追求し、机の上に置く時計の位置やそのサイズにこだわるような場面も。

続いて若林がDJプレイを開始。ここでも機材トラブルなのか思ったように音が出せず、一瞬ヒヤッとする場面があったが、DJチームのテキパキとした対応により無事解決。DJの世界大会チャンピオンでもあるDJ IZOHの指導を受けたとあって、リハーサルで若林が一番真剣な顔をしていたのは、このDJプレイ中だったかもしれない。一つひとつ操作を確認しながら、一心にターンテーブルと向き合っていた。

そこへやさしいハミングとともに星野源が合流し、若林とのコラボレーションが始まる。柔らかい歌声を響かせながら、リラックスした様子でビートに体を揺らす星野。

「やはりドーム経験者は違う……」とうなっていると、客席からふたりに熱い視線を向けているクミさんを発見。そこへさらにフワちゃんが駆けつけると、ふたりはステージ下で飛び跳ねながら、ライブ本番さながらの声援を送っていた。

トークパートのチェックでは、「Orange」を客前で披露することが初めてであることや、「Pop Virus」での挨拶の言葉などについて話すふたり。星野が「楽屋がこんなに楽しいライブはない」と語るなど、なごやかな雰囲気でチェックが進んでいく。

「死んでもやめんじゃねーぞ」の段取りもきっちり確認したところでエンディングへ。チーム付け焼き刃が押すトロッコに乗って会場を回るオードリー。「ああ、ここまで回るんだ。けっこう速いね」「（トロッコでドームを回るなんて）かつてないし、これからもないだろうね」と上機嫌の若林。

「よく見ると（トロッコの）ベニヤ感すごいな」と若林がボヤけば、春日は「軽量化してんじゃない？」とフォロー。若林の「（客席）近いな～。若い女の子ばっかりだね」というひとことは、無言でやり過ごす春日。ふたりとも穏やかな表情でトークを続けながら、客席を見渡していく。

そんなトロッコをベンチ前で出迎えたのは、TAIGA、ダブルネームのジョー、ニッチロー。手を振りながら声援を送るショーパブ芸人の姿を見て、「落ち着くなぁ～」と若林もうれしそうだ。

そして、ライブのハイライトが流れる予定のパートになると、リハーサルの特別仕様なのか、ここ数年の番組名場面のハイライト音源が流れ始めた。東京ドームライブへ至るまでの足跡を振り返るような粋な演出に、思わず胸が熱くなる。

漫才のリハーサルは主に登場までの流れの確認だったが、春日はわざわざ髪を七三分けにセットし、ピンクベストを着てゆっくりと登場。若林もスーツに着替え、いつもより長い春日の歩みを待ちながら、トークのつなぎについて考えている。マイクの前に並ぶと、うまく掛け合いができるのか確認するが、ここでも「全然やりにくい感じしないなぁ」と好感触の若林。

そこで、客席からオードリーを見守る「お姉さん」こと松本明子の姿に気づいたふたり。若林が「松本明子さん、いるねぇ。本番さながらにスタンバイしてるわ。お姉さ～ん！」と手を振ると、春日もうれしそうに「お姉さ～ん！」と手を振る。遠くの客席から松本も大きく手を振り返す。お母さんを見つけた子どものようなふたりに、なんだかグッときてしまった。

最後はオープニングのチェック。春日の入場シーンを待ちながらベンチに並び、自転車で会場を疾走する若林を見つめるチーム付け焼き刃は、緊迫した試合の行方を見守るプロ野球チームのコーチ陣のようだった。

若林があっという間にセンターステージに到着して階段に腰掛けると、春日が入場。黒縁メガネにユニフォームという姿でセンターステージまで悠然と歩く。

ここで議論になったのが、「いつユニフォームを脱ぐのか問題」。「早く〝春日〟になるべきだ」と考えていたというサトミツが、ステージの上で春日に演出意図を必死に伝えている。春日は「なるT（おそらく「なるほど」）」と繰り返すばかりだったが、早めに脱ぐということで決着したようで、ユニフォームを脱いで渡す段取りなどを確認していた。

リハーサルが終了すると、春日はバックステージの給湯室へと直行し、すぐさま髪を洗って整髪料を落としている。

一方、若林はステージ脇の小上がりのようなスペースに寝転び大の字に。その様子はヘトヘトに疲れて横になっているというよりは、これから始まる本番に向けて改めて心と体を整えているようだった。

（※1）インイヤーモニターのこと。ステージ上で正確に音を聞くためのイヤホン。

総合演出の安島隆らと
ドームを見渡す春日

若林も製作総指揮の
石井玄らとドーム全体を確認

若林の相棒となった自転車

花道にはオードリーの歩みが刻まれていた

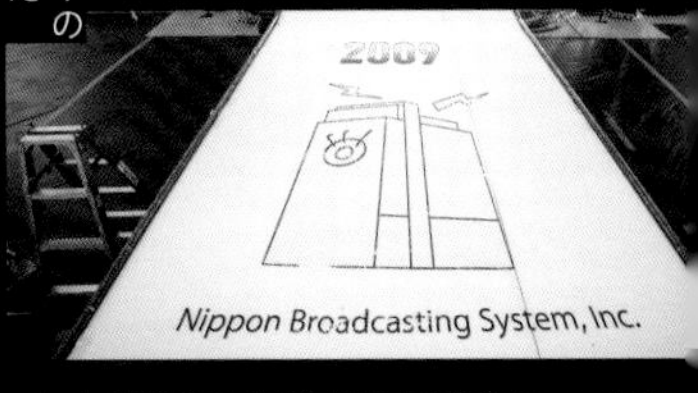

ソックスの見せ方で悩む春日

機材のトラブルにも冷静に対処するDJ IZOH

「ヤバいリトルトゥース」こと東京ドームの佐々木さん

カメラには謝り顔ではなく笑顔を向けてくれたAP川原

リハ後、
大の字になっていた若林

客席から見守っていた
松本明子に手を振るオードリー

春日のベストには
東京ドームの刺繍があった

オードリーの呼びかけに
応えるお姉さん

トロッコを見送る
ショーパブ芸人の皆さん

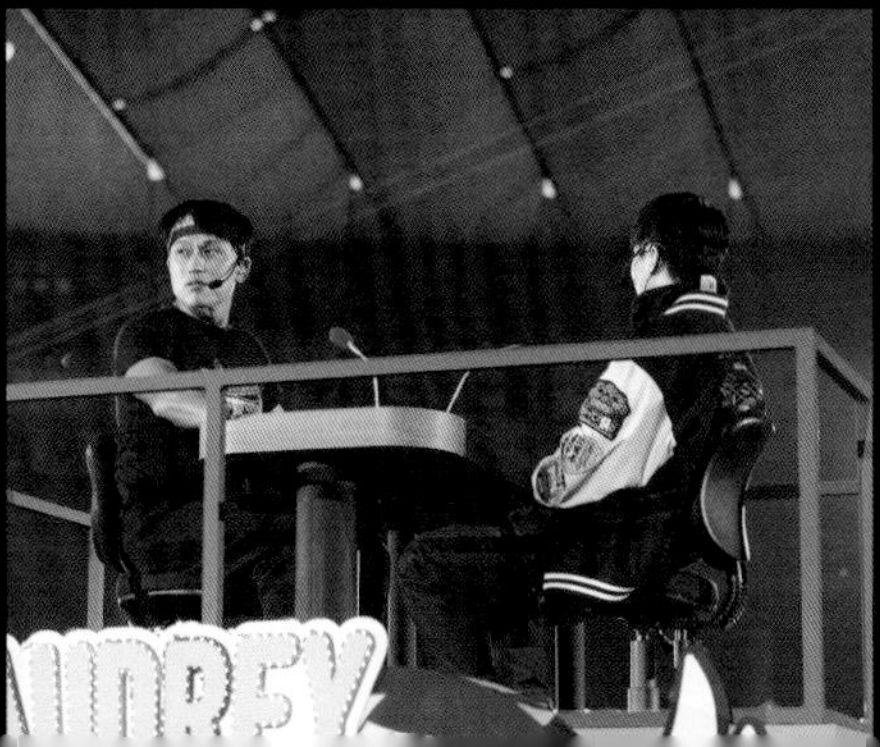

自転車で疾走する若林を
見守るチーム付け焼き刃

入場シーンの狙いを春日に必死に説明するサトミツ

開場

15時30分には開場となり、LEDに彩られた22番ゲートから、グッズを身につけたリトルトゥースたちが次々と入場していく。通路はあっという間に人で埋め尽くされ、だだっ広い客席に熱気が充満していった。

会場の外にもまだたくさんの人がいて、見知らぬリトルトゥース同士でタオルを掲げて撮影し合ったり、「岡田」と書かれたタオルをうれしそうに広げたりしている。

「オードリーのANNが好きで、この日を楽しみにしてきた人がこんなにいるなんて……」という思いは同じなのか、会場入りしたリトルトゥースの誰もが、埋まっていく客席を見渡しながら静かに興奮しているようだった。

しかし、藤井青銅とサトミツによる前座トーク「サトミツ・青銅のオール前座ニッポン」の生トークが始まると、そんな落ち着かない空気がピタッと止んだ。みんな放送に集中し、ふたりの言葉に耳を傾けている。サトミツが「川原（※2）も応援してあげてほしい」と呼びかけ、会場が沸いたところで前座トークは終了。オードリーの同級生・谷口さんの会社「MIC」のCMが流れ、谷口さんのナチュラルな演技に客席が苦笑する場面などを挟んだところで、いよいよ開演の時間だ。

（※2）東京ドームライブのアシスタントプロデューサーを務めたニッポン放送の川原直輝。ラジオで若林が、ライブ本番が近づくなか、各所へ頭を下げまくっているせいか、疲れ切った川原がいつ見ても「謝り顔」になっていると語り、それを「カワハラ状態」と名づけたことから、川原を応援するムーブが起こっていた。

開演

17時25分、最後にお父さんの遺影に手を合わせたあと、楽屋を出た若林は、ステージ袖の前室へ向かう。いつも通りの落ち着いた様子で軽くウォーミングアップなどをしながら本番を待っていた。

一方、楽屋を出て内野口に向かった春日は、ベンチ裏の廊下でスタンバイ。興奮のためなのか、緊張のためなのか、「始まって、終わりますよ」という言葉を何度も口にしている。春日を送り出しに来たTAIGA、ジョー、ニッチローとの談笑で少しリラックスしたようだったが、「口数が多いってことは緊張してる」とポツリとつぶやいた。

やがて天井がラスタカラーにライトアップされたかと思いきや暗転すると、ガヤガヤとお祭り気分を楽しんでいた5万3千人のリトルトゥースが息を飲む。

LEDスクリーンに映し出されたウェルカムムービー「おともだち」をしみじみと味わったところで、続いて映画『フィールド・オブ・ドリームス』オマージュのVTRが流れる。

ケビン・コスナーよろしく、トウモロコシ畑を呆然とさまよう若林に、会場からはクスクスと笑いが起こっていたが、それがオマージュによるものなのか、若林の演技によるものなのかはわからない。

さらに映画『メジャーリーグ』のチャーリー・シーンに扮した春日によるVTRが流れ、「スピードガン」「モンクレールのダウン」といったリスナーおなじみの小ネタに笑い声が起きる。

「それを作れば、みんながきっとやってくる……」という若林の言葉とともに、センターステージにラジオブースがせり上がると、待ってましたとばかりの大拍手。これから東京ドームでラジオが始まる。

スクリーンが割れて、「ビタースウィート・サンバ」とともに若林が登場すると、さらに大きな拍手が起こる。その歓声を受けながら淡々と歩みを進め、祈るようにしゃがみ込んだ若林の前に愛用の自転車がせり上がると、「おお～」と声が上がった。

自転車にまたがると、リハーサル以上の速さで風のように会場を駆け抜ける若林。その姿が近づくと客席から歓声が上がり、波のように広がっていく。

続いて、三塁側ベンチにガスが噴射されると、チーム付け焼き刃による隊列が割れ、黒縁メガネ&ユニフォーム姿の春日が登場。

チャーリー・シーンよろしくガッツポーズをかますと、（サトミツに言われた通り）すぐさまユニフォームを脱いでグッズに身を固めていく。両手を広げ、大歓声を浴びながらゆっくりとステージへ進むスター・春日を、軽く息を切らしながら待ち構える若林。センターステージにオードリーが並んだ。

「えー、こんばんは。ラジオモンスターです。今日はラジオやります」という若林の第一声に、「フゥ～!!!!」と沸き立つ会場。春日は「東京ドーム、カスミン」と東京ドームバージョンの挨拶を挟みつつ、「ちょっと若林（のタオル）が多いな」とボヤいた。

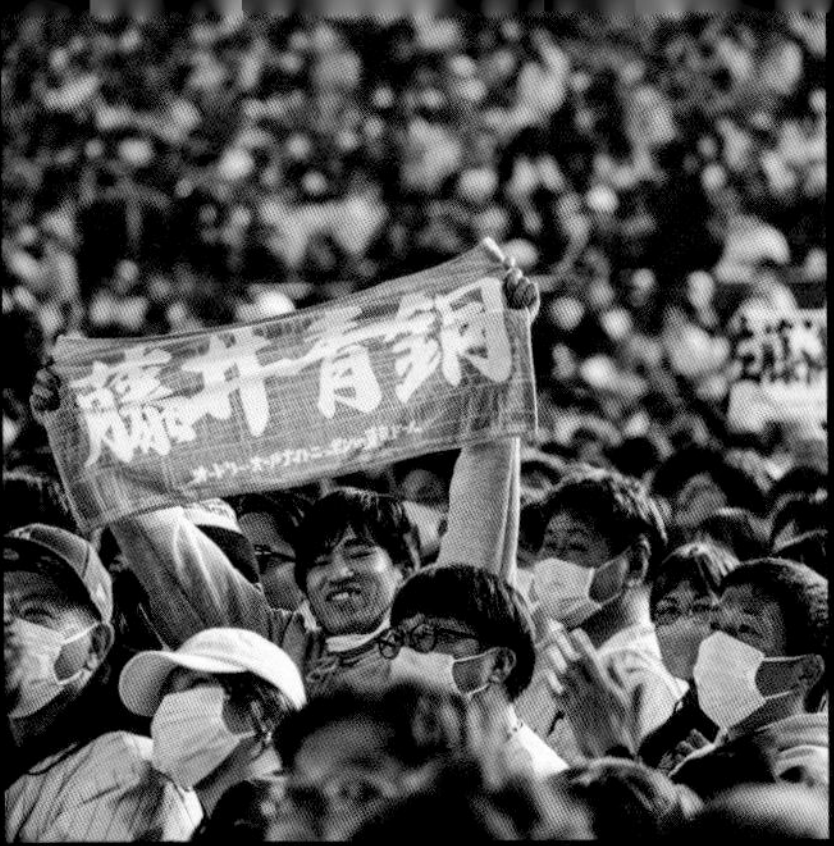

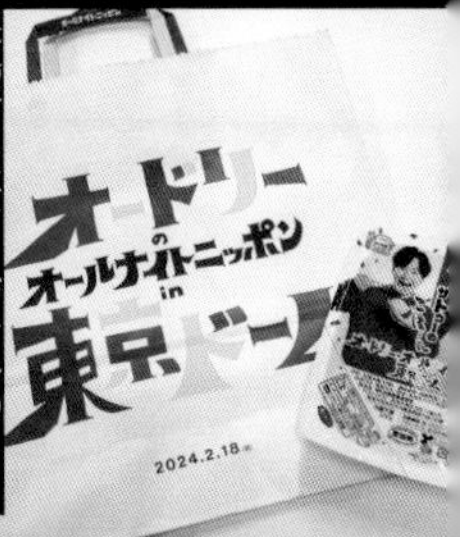

来場者にはオリジナルの「サトゥーのごはん」が配られた

入場直前、ウェルカムムービーを見つめる若林

お父さんの遺影に手を合わせる若林

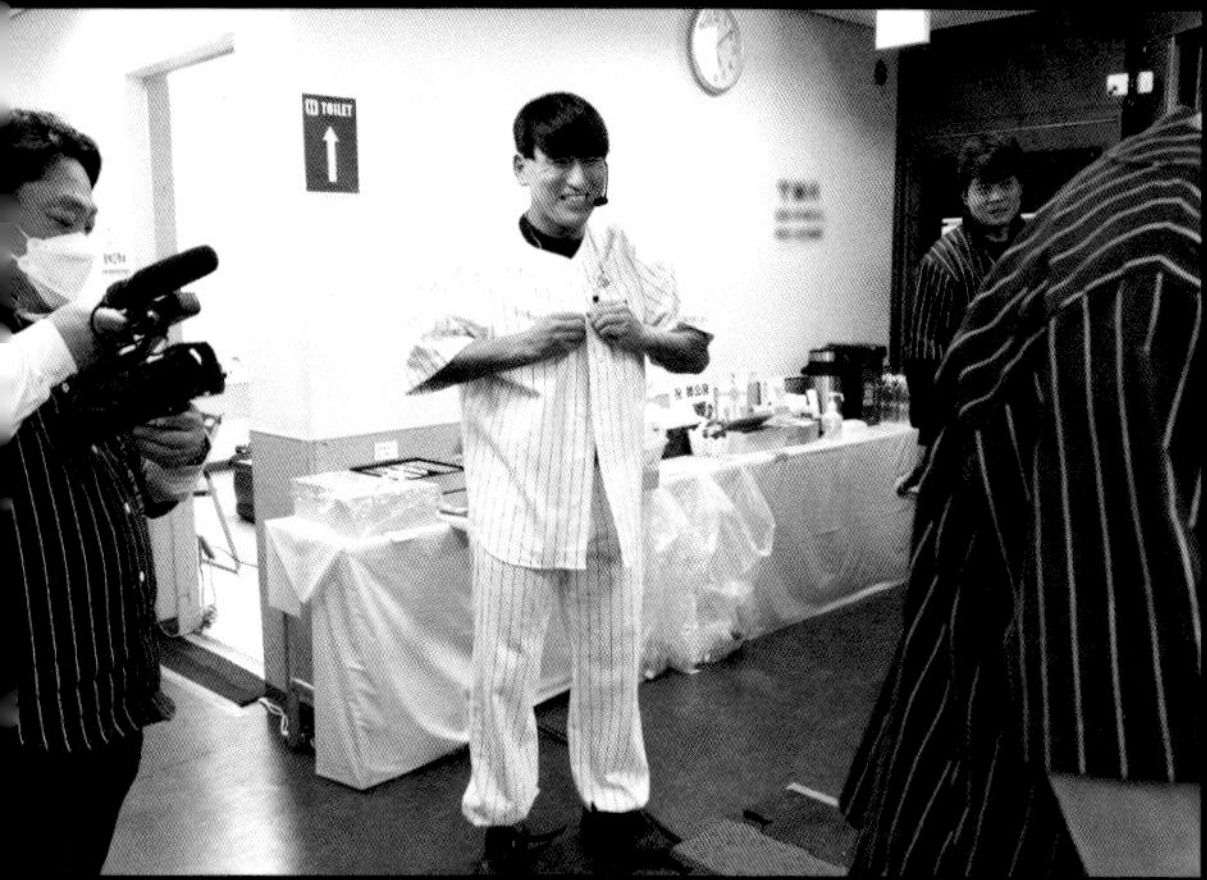

サプライズのため隔離されていたHEY！たくちゃん

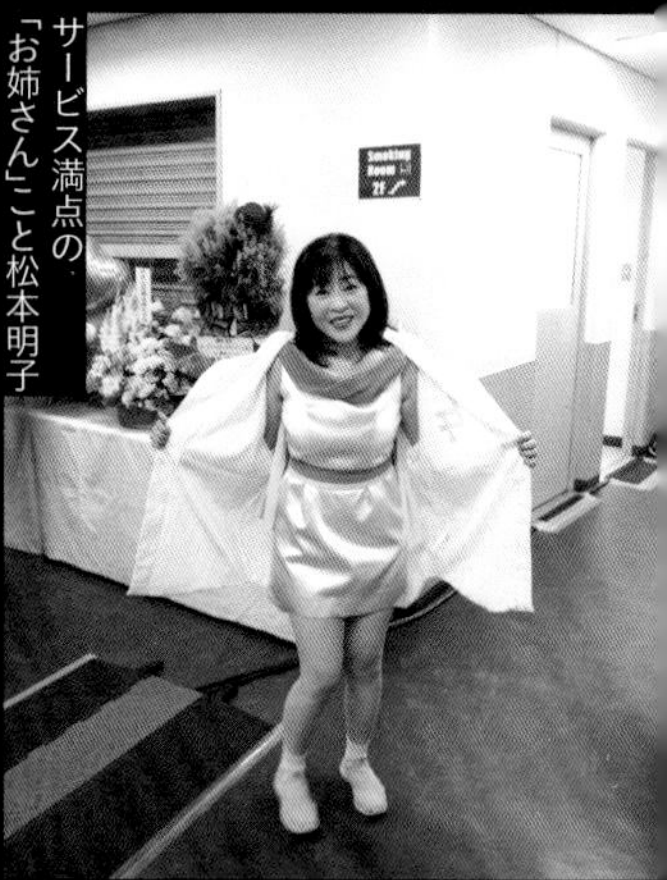

サービス満点の「お姉さん」こと松本明子

仲間たちに送り出される春日

KEY COFFEE

舞台に一礼する若林

自転車にきちんと
鍵をかける若林

ひと言目から
観客の心を掴む
ラジオモンスター

トークゾーン

ラジオブースのイスにゆったりと腰掛けたふたりは、いつものようにオープニングトークを始めた。体調だけが心配でかなり気をつけていたと春日が語れば、東京ドームでトーク1本でライブした例がいかに少ないかを語る若林。

さらに、春日が「親はステージ裏（体感席）よりもいい席にいる」と発言し、反省柱（※3）寸前まで追い込まれる場面や、前日に東京ドームホテルに泊まったが、自分だけドームが見下ろせない部屋だったと憤る若林を見ていると、だんだん「ドームにいる」という意識より、「オールナイトを聴いている」という気分のほうが強くなっていく。会場もトーク中はしんと静まり、ときおり笑いが広がる。武道館だろうが、東京ドームだろうが、オードリーがいればそこはラジオブースなのだ。

オープニングのあとは、甲冑に身を包んだビトタケシが客席に登場し、少し緊張しながら映画『首』のネタを披露。メイクとスタイリングに2時間ほどかけたというが、出番はあっという間。しかし、番組でもおなじみの「あのふたり、どっちも危ないな」というセリフに客席も大喜びの様子だった。

トークゾーンでも、いつも通りリラックスした様子で話し始める若林。ドームライブのために自転車に乗っていたが、目的がほしくてUber Eatsの配達員に挑戦したという。恐る恐る踏み出したデビューから、初めての置き配、チップ獲得までの道といったみずみずしい体験を、「(チップがもらえて) ズレ漫才が初めてウケたときくらいうれしかった」「絶対に行かなきゃいけない場所があると、街がカラフルになるな」と熱く語っていた。

次に三塁側ベンチ近くに登場したのは、イチローのそっくり芸人・ニッチロー。イチローの華麗なプレイを思わせる安定のショーパブ芸だが、派手な音楽と野球ネタのパフォーマンスという要素がドームにハマっていて、本当にそこにイチローがいるかのようだった。

トークゾーンは春日のターンへ。冒頭こそ「大手のうでん（うどん）チェーン」と、チャレンジすれすれの場面もあったが、その後は学生時代の思い出の味、中華料理店「長楽」のポークライスの味を再現するまでのエピソードを活き活きと話していく。そして、再現できたポークライスを「若林さんにも食べてほしい」と言う春日。HEY！たくちゃんが仕上げたポークライスがブースに運ばれる。ひと口食べると、天を仰いだ若林は「スカそうと思ったけど……泣きそう」「これだわ～」とつぶやいた。

トークゾーンが終わると、再び客席にスポットライトが当たり、氣志團の綾小路翔に扮したTAIGAと、ジョーの姿が。TAIGAの名エピソードのひとつ「製氷機事件」（※4）が再現された。ここ数年はあまり番組でも触れられなかったエピソードのためか、最初は客席がポカンとしたムードだったこともなくはないが、東島衣里アナウンサーが解説でサポート。だんだんとリアクションも盛り上がっていき、最後は温かな拍手に包まれた。

（※3）何かミスをした際、大声で柱に向かって反省の弁を述べること。番組にゲスト出演したティモンディが披露した、出身校である済美高等学校の野球部では、ミスをするとひたすら柱に向かって反省の弁を述べさせられたというエピソードにちなんでいる。

（※4）かつて「そっくり館キサラ」でTAIGAが氣志團のネタを披露した際、司会のジョーが氣志團ではなく「DJ OZMA」と紹介したことで、TAIGAがジョーを舞台袖にあった製氷機に叩きつけ、「氣志團だろうが！」とブチギレた事件。

恒例の遠くから来たお客さんチェック。
今回はロスから来た人がいた

心なしか表情固めの
ビトタケシ

初めて届けた
商品を見守る
Masayasu.Wさん

チップをもらうには
丁寧な挨拶が欠かせない

初のチップ獲得で
ガッツポーズする
Masayasu.Wさん

堂々たるフォームで
魅せるニッチロー

いそいそとポークライスの
仕上げを始めるHEY!たく

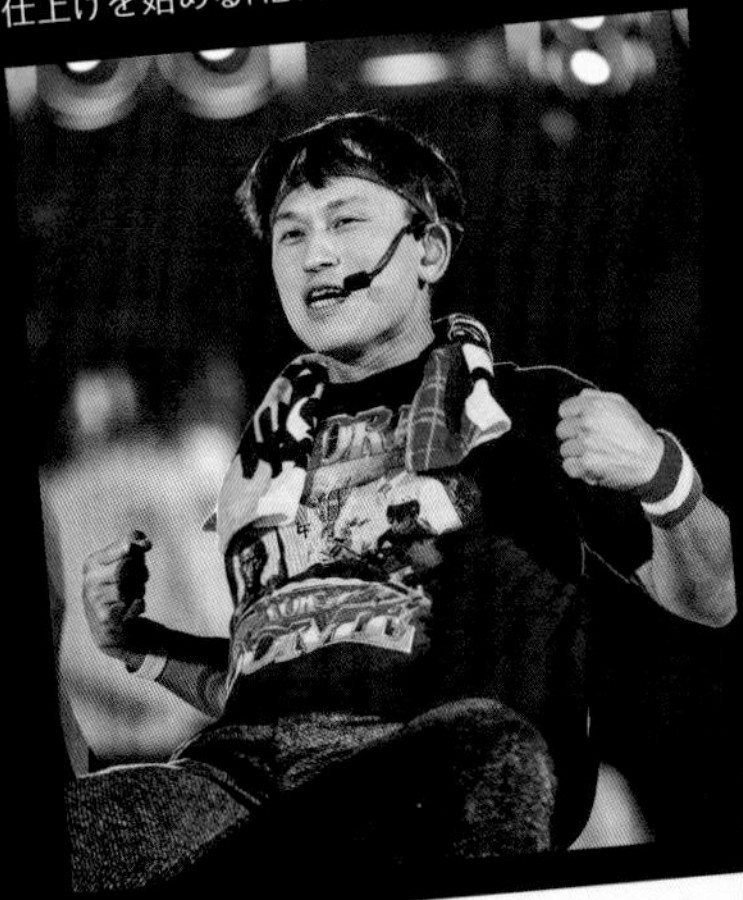

懐かしの味に思わず
タイムスリップした瞬間

これが長楽の
ポークライスだ！

伝説の「製氷機事件」を再現するジョー&TAIGA

若林のリアクションに歓喜するサトミツ&水口D

春日「長楽兄ぃ〜!!」

チェ・ひろしのコーナー

オードリーのANNのイベントに欠かせない「チェ・ひろしのコーナー」が、東京ドームでも実現。「祝！車購入記念！ゲレンデがとけるほど駐車したい春日！」と題されたゲームに春日が挑戦する。

メインステージに登場したのは、春日の愛車・ゲレンデヴァーゲン。運転席には若林、助手席にはチェ・ひろしの姿がある。

企画の説明を受け、文句を垂れながらもカツラをつけ、スキーウェアに身を包み「冬の女王」広瀬香美に変身する春日。〝悪ガキ〟若林くんの妨害に耐えながら、ゲレンデを自力で引っ張って一斗缶に囲まれた駐車場に駐めなければならない。

変身が完了した春日は、ゲーム中にハンドルを握る岡田マネージャーが土足で乗車することに猛クレームを入れながらも、愛車につながれたロープを握った。

ゲームスタート。序盤は若林が春日に雪玉（ゴムボール）をゆっくりと放り、しびれを切らした春日が自ら雪玉を受けにいく場面もあったが、若林が標的をゲレンデに切り替えると、妨害は激しさを増していく。

そして、マシンからさらに大きな雪玉（バレーボール）を発射し、楽しそうにゲレンデを狙う〝悪ガキ〟の若林くん。春日も必死に愛車を引くが、（クリーム砲による）雪で体も愛車も真っ白に。

最後はみんなでゲレンデを押して駐車しようとするが、あえなく一斗缶に激突。『27時間テレビ』（※5）を彷彿させる惨劇に春日が「おいっ！　おいっ！　ぉおいっ！」と激昂したところで、時間切れ。挑戦は失敗に終わった。罰として自転車でゲレンデに突っ込んでいく若林だったが、行く手を阻む春日の前で停車すると、春日の頭を「コツン」。春日の「やさしいな！」という叫びとともにコーナーは終了した。

幕間を賑わせるラストのゲストは、松本明子。バックネット裏で光を浴びる「お姉さん」に、客席から「おお〜」と声が上がるが、自身のデビュー曲「♂×♀×Kiss（オス・メス・キッス）」を歌い出す前にコーナー終了。安定の変顔で次の企画へとつないだ。ちなみに、特製のうちわを持って応援していたのは松本の息子さんらしい。

（※5）1990年代、フジテレビの特番『FNS27時間テレビ』では、ビートたけしが明石家さんまの愛車を勝手に運転し、車庫入れに失敗するというくだりが恒例になっていた。

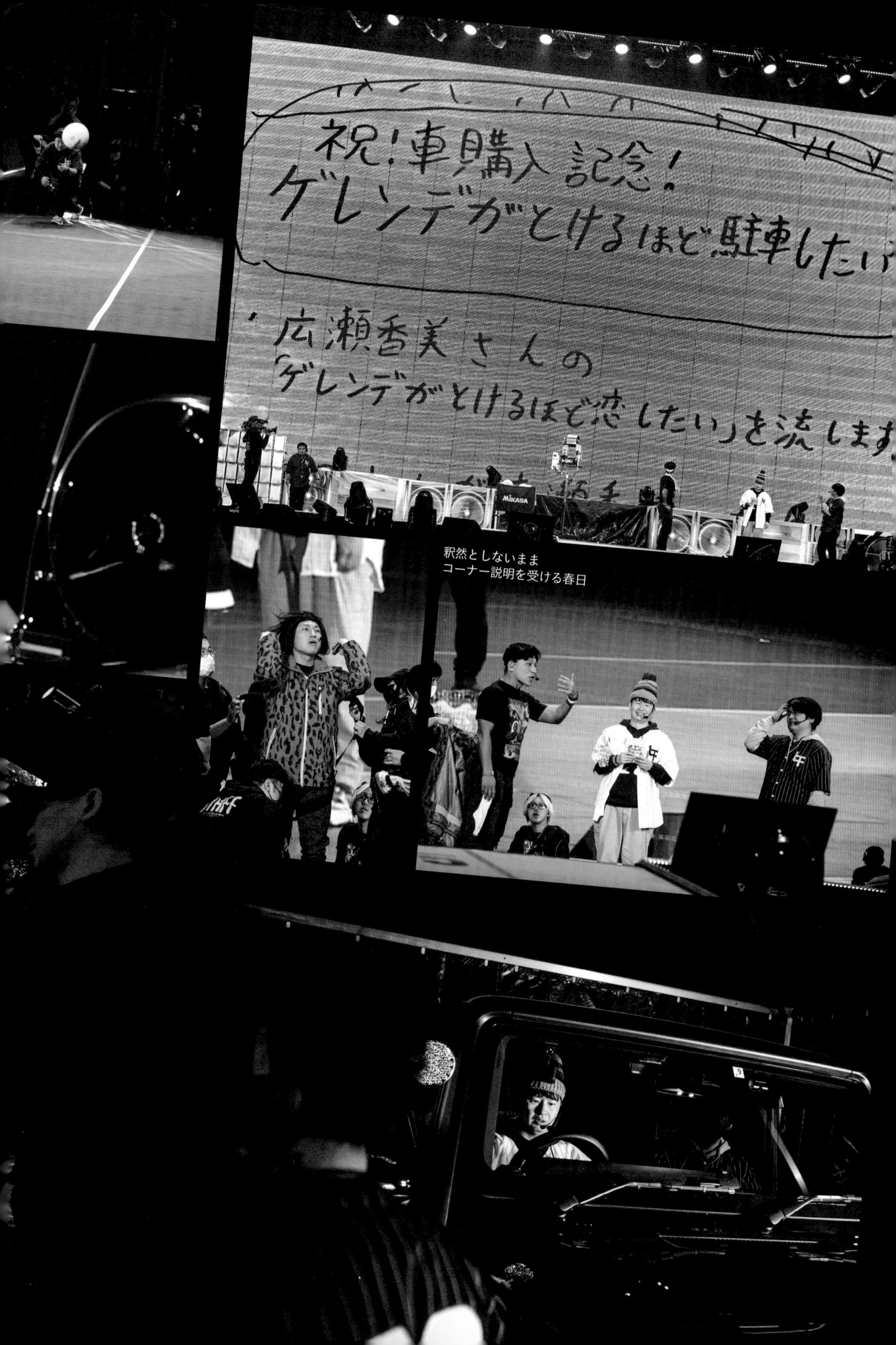

釈然としないまま
コーナー説明を受ける春日

いたずらがエスカレートする〝悪ガキ〟若林くん

罰ゲームは「コツン」

納得いかないままステージをあとにする春日

客席に登場した松本明子。デビュー時のキャッチフレーズは「アッコ、とんがってるね」

プロレス

ここ最近番組を賑わせ、結婚して子どもができても「春日は春日」だとリスナーに再認識させてくれた「味玉事件」（※6）を振り返るVTRが流れると、そんな状況に業を煮やしたフワちゃんがクミさんのために立ち上がり、春日vs.フワちゃんのプロレスマッチ「時間無制限1本勝負 味玉トッピング永久権争奪マッチ」が発表された。

メインステージに本格的なリングが現れ、「漆黒の夜の帳《とばり》も〜」というおなじみのフレーズとともに飯田浩司アナウンサーが実況を始める。解説はサトミツ、特別ゲストは「若林正恭」のタオルを掲げたクミさん。

さらに、レジェンドリングアナの田中ケロが登場すると、プロレスファンとおぼしき人々から局所的に「おおっ」というリアクションが起きた。

ベンチ側からフワちゃんが登場。どよめく客席を悠然と通り抜け、軽やかにトップロープまで上がると、華麗なパフォーマンスで会場をプロレス空間に変えていく。

そして、蝶野正洋（※7）による「nWo JAPAN」を意識した映像から、「カスガ、ボンバイエ」とアントニオ猪木を思わせるコールと、てんこ盛りのプロレスオマージュを受けてセンターステージから春日が登場。

大仁田厚（※8）の「邪道」革ジャンよろしく「春道」と書かれた革ジャン姿で花道を闊歩する。憎たらしい春日の態度にサトミツがブーイングすると、会場もそれに追随。それでも余裕綽々《しゃくしゃく》の春日は、不敵な笑みを浮かべながら花道でパイプ椅子に腰を下ろすと、具のない素ラーメンをすすり、さらなる挑発を仕掛けてきた。

やまないブーイングのなか、フワちゃんの待つリングへと足を踏み入れる春日。一瞬で脱げるはずのジーンズが足に絡みつきモタモタする一幕もあったが、春日は不敵な表情を崩さない。そのまま試合開始を告げるゴングが鳴った。

序盤はフワちゃんに握手を誘ってスカすなど、余裕の態度を見せていた春日だが、この日のためにトレーニングを積んできただけあって、攻撃も容赦がない。フワちゃんを派手にマットに叩きつけ、反則スレスレまで顔面を蹴り上げる。息を飲む観客。

対するフワちゃんも負けてはいない。ロープの反動そのままに春日に鋭いドロップキックを喰らわせると、「おお〜!」と歓声が上がった。

観客を味方につけたフワちゃんは、手拍子を受けながら春日を投げ飛ばす。さらに場外へ転がった春日に対し、なんとトップロープから飛び上がってプランチャをお見舞い。リアルなプロレスの迫力に、会場全体が魅せられていった。

しかし、手負いの春日がここで再び牙を剥く。愛用のグレゴリーのバッグで「グレゴリーボム」を炸裂させると、非道の鼻フック、アルゼンチン・バックブリーカー、そして花道へ引きずり込んでの逆水平と、フワちゃんを徹底的に痛めつけた。

そんなフワちゃんのピンチを救ったのは、春日への不満を抱えた（?）舟崎（彩乃）ディレクターと、石澤（鈴香）マネージャー。花道へと乱入し、春日に激しいストンピングを浴びせまくる。ふたりの応援を受けて、フワちゃんも卍固め&自撮り攻撃で春日を追い込んだ。

再びリングでの応酬が始まると、春日が弱ったところでクミさんをリングに呼び込むフワちゃん。家庭ではエアコンも自由に使わせない春日に対し、クミさんがダメ押しのリモコンチョップをお見舞いする。

フワちゃんのフィニッシュに向けて、再び手拍子を送る観客。ついに勝敗が決したかと思われたが、ここでまさかの春日の毒霧（※9）。苦悶の表情を浮かべるフワちゃんを喉輪落としでマットに沈め、そのまま3カウント。春日の勝利が決まった。

大ブーイングのなかマイクパフォーマンスを始めた春日だったが、フワちゃんの健闘をたたえて「味玉つけてあげてもいいかな」と味玉解放宣言。ブーイングが拍手に変わったところで、プロレス界にカネの雨を降らせる男「レインメーカー」ことオカダ・カズチカよろしく、「味玉メーカー」春日が東京ドームに味玉の雨を降らせる。会場にはHEY!たくちゃんが営むラーメン店「鬼そば藤谷」の味玉無料トッピング券が降り注いだ。

最後は春日家のテーマソングともいえる「Family Song」が流れ、春日vs.フワちゃんのプロレスマッチは大団円を迎えた。

（※6）番組にゲスト出演したクミさんによる「ラーメンを食べに行っても、春日が味玉のトッピングを許さない」という告発に、若林とスタッフ、リスナーがドン引きした事件。春日いわく、味玉はタバコと同じ〝嗜好品〟で、ラーメンを食べに行ったのならラーメンだけを食べればいいという。

（※7）1990年代を中心に新日本プロレスを盛り上げたスターレスラー。2010年の退団以降も活躍を続ける。ニックネームは「黒のカリスマ」。

（※8）プロレスラー、元参議院議員。全日本プロレスを経てプロレス団体「FMW」を設立すると、自ら考案した「ノーロープ有刺鉄線電流爆破デスマッチ」などの過激なスタイルで大ブレイクした。

（※9）口に含んだ謎の液体を相手に霧状に吹きつけるプロレスの反則技。

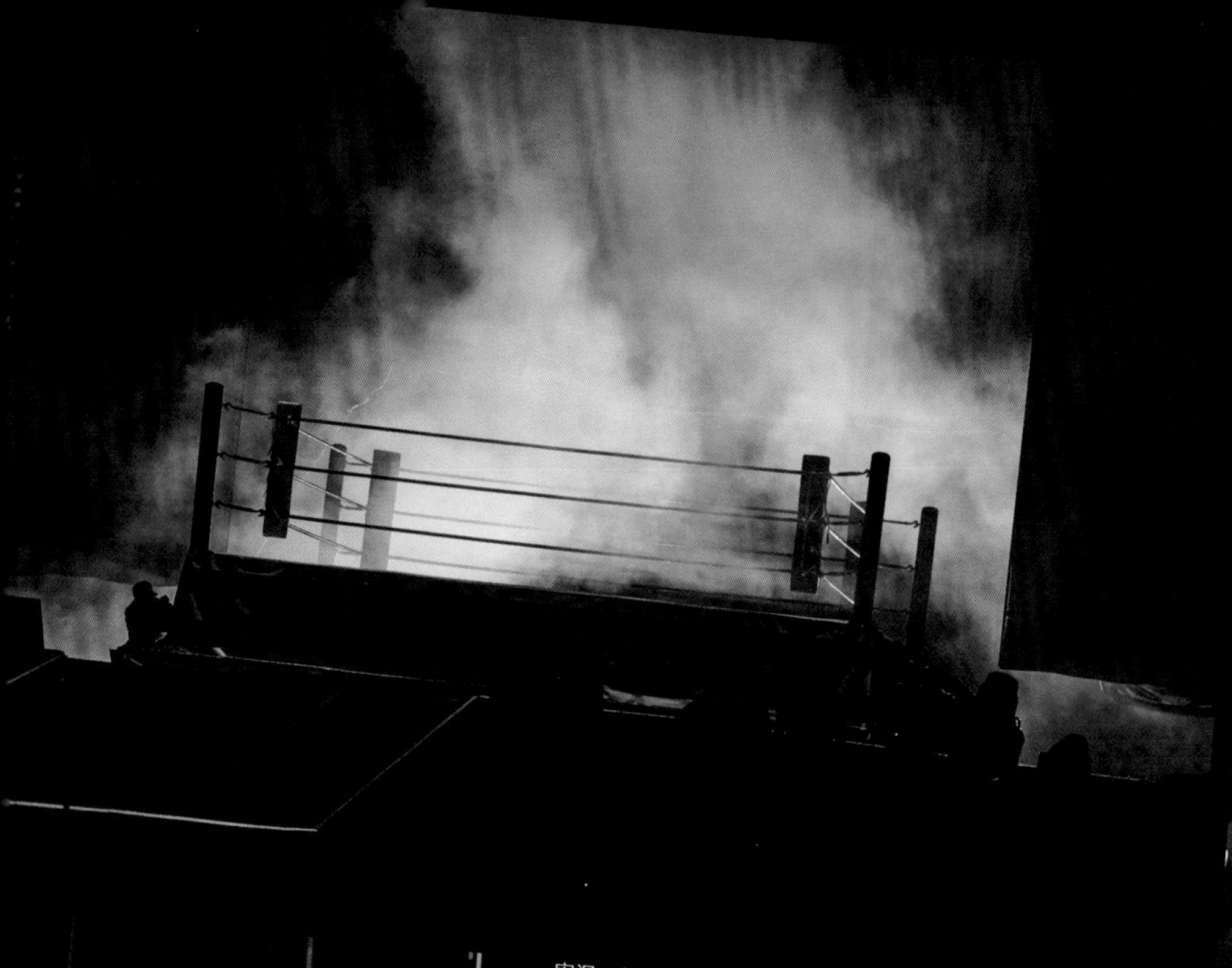

実況の飯田浩司アナ、
解説のサトミツ、クミさん

リングアナ界のレジェンド・
田中ケロも登場

勝者に贈られる
味玉トロフィー

悠々と素ラーメンをすする春日

ジーンズが脱げずもたつく春日

豪快なブレーンバスター

トップロープから華麗にプランチャを決めるフワちゃん

アルゼンチン・バックブリーカー

春日に怒りの
ストンピングが炸裂

容赦なきグレゴリーボム

リモコンチョップで
クミさんも参戦

屈辱の卍自撮り

若林は前室で糖分を補給

フワちゃんのキレのある
ドロップキックに思わず拍手

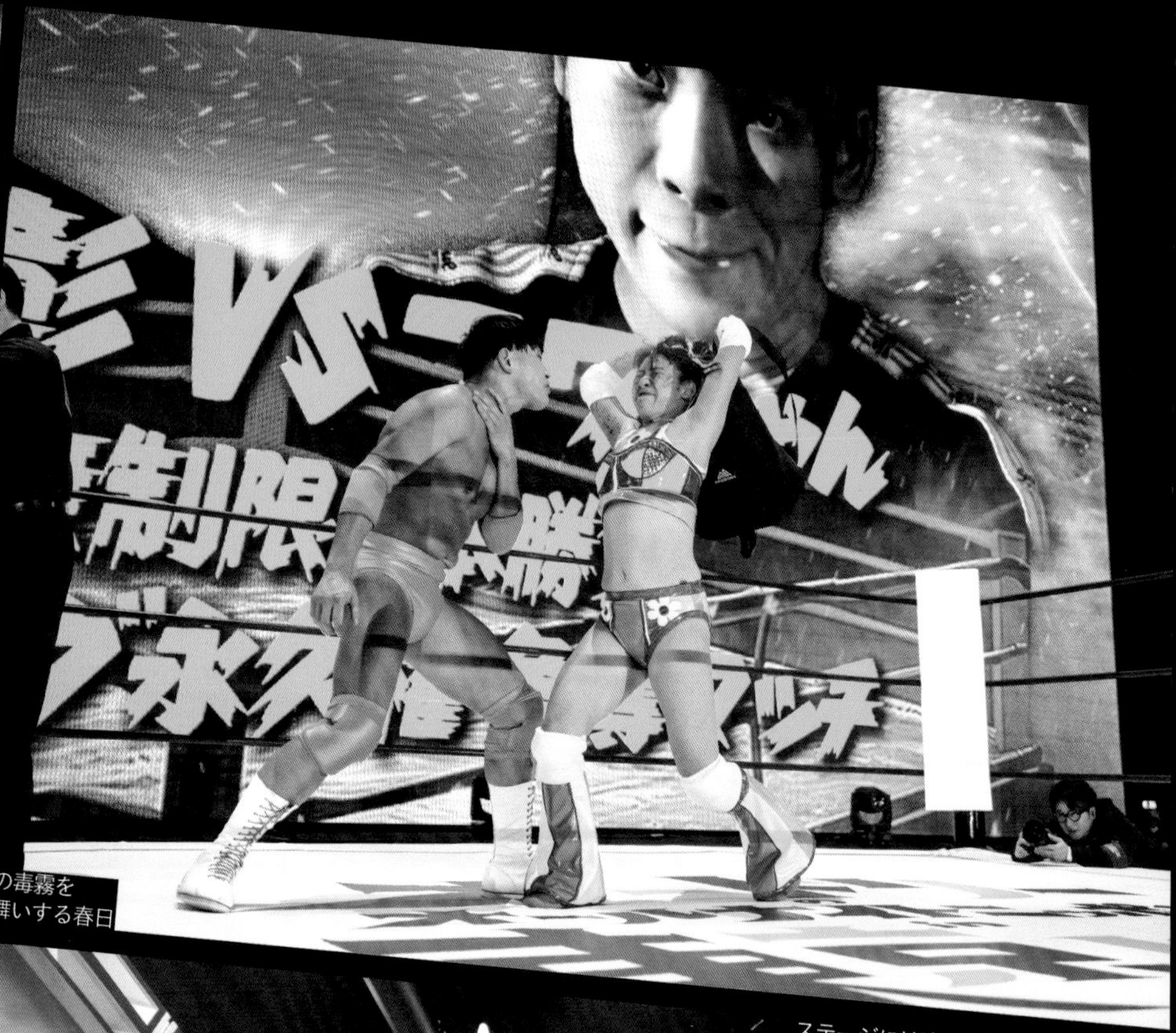

非道の毒霧を
お見舞いする春日

ステージには味玉無料券の
雨が降り注いだ

AUDREY ANN IN TOKYO DOME

静かに出番を待つ若林

前室にはサトミツ特製の簡易トイレが

サンプリングされたパワーワードのビジュアルによる演出も

おなじみの「ビタースウィート・サンバ」のリズムに会場が揺れる

会場を煽る若林。
DJっぷりが板についていた

DJプレイ ラップ

プロレスの興奮がさめやらないなか、センターステージからDJセットとともに現れた若林。観客の視線が一点に集中したところで、「Family Song」がフェイドアウトし、若林のDJプレイがスタートした。

「ビタースウィート・サンバ」に乗せて、「Yahoo!コメント見てる」「100万円をどんどん持ってくるから」「とんだ大バカ性欲変態野郎」と、パワーワードのサンプリングを繰り出し春日をディス。観客も若林のプレイをニヤニヤと見つめていた。

続いて、TRFの「EZ DO DANCE」へと鮮やかに曲が切り替わると、若林の煽りで会場に手拍子が起こる。「アイツ（SAM）、オレが踊ってるとき前でチョロチョロしてるんで」「（東京ドームは）野球やるところだな〜」「（SAMの靴を勝手に）履いて帰りました」と、DJ KOOの名言をスクラッチとともにたたみかけた。

会場のボルテージが上がったところで、一転してメロウなイントロが流れ出し、ステージにオレンジ色の夕日がさす。ハミングとともに人影が現れると、歓声が地鳴りのように響いた。星野源のサプライズ登場だ。

若林と星野によるNetflixの番組『LIGHTHOUSE』から生まれた楽曲「Orange」を、観客の前で初披露。ふたりが苦い青春を過ごした阿佐ヶ谷の思い出が、星野の歌と若林のラップが、東京ドームで交錯する。

若林が「私の〝おともだち〟星野源さんでーす！」と星野を紹介すると、ふたりはブースへ。ゲスト出演の経緯や、星野も阿佐ヶ谷在住時にオードリーの思い出の店「長楽」に行っていたこと、事前リハーサルの裏側などが明かされた。

ここでコーナー終了かというところで、星野が若林に呼びかける。「せっかくなんで、もう1曲やりませんか?」。星野が客席に「みんなで立ち上がりませんか?」と声をかけると、若林はライブビューイング勢にもスタンディングを呼びかける。「岸和田（※10）、特に立てよ（笑）」。

曲は、以前『星野源のANN』でも披露された「Pop Virus feat. MC. waka」。「どうもこんばんは、LIGHTHOUSEでーす！」と、ふたりで高らかにユニット名を告げると、星野の歌声がスマホライト瞬く東京ドームに再び響き渡る。

続く若林のラップは、ライブオリジナルの東京ドームバージョン。『LIGHTHOUSE』だからこそ本音を語った場面をテレビの情報番組で放送されてしまったことへの違和感などを巧みに織り込みながら、エモーショナルに言葉を刻む。

こうして歌とラップが行き交い、シャボン玉が舞う夢のようなコラボステージの幕が下りると、真っ暗なドームにおなじみの「浅草キッド」のメロディが流れた。

ひとりスポットライトを浴びる春日が、いつものように「死んでもやめんじゃねーぞ」のコーナーを始めると、ボヤきながら若林も合流。ドームでも変わらない「死んやめクオリティ」のネタが読み上げられた。

（※10）ライブビューイングについて、大阪の岸和田の売れ行きが芳しくないことが番組内で話題になっていた。

エンディング

そして、東京ドームライブは早くもエンディングへ。ブースからトロッコに乗り込んだオードリーは、客席に手を振りながらトークを進めた。トロッコの周囲には、のぼりを手にしたチーム付け焼き刃や岡田マネージャーの姿も。

どこか遠慮がちに見えた観客も、トロッコが近づくと熱心に手を振ったり、タオルを掲げたりと、それぞれに熱い思いを伝えていた。

中でも熱かったのが、ステージ裏体感席の皆さん。ようやく近くでオードリーを感じられたからか、どこよりも大きな声援を送っていた。

若林が春日の両親（ノリアキ&シズエ）を探していると、春日が客席に「川原」と書かれた手づくりタオルを発見。すると今度は、若林が阪神優勝のタオルを掲げた観客を発見し、「阪神関係ないだろ！ よかったな、イジってもらえて」とツッコむ。

観客一人ひとりに手を振りながら、春日は「サンキューな！」と繰り返し、若林も「いや、俺たち、人気あるなぁ！」と満足げ。さらに「ハンパないだろ？ オードリーのポテンシャル」と若林がカマせば、春日も「今年一出ちゃったでしょ」と応じ、そのまま笑顔でステージ裏へと下がっていった。

続いて、スクリーンには早くもこの日の名場面のスライドが映され、毎週の放送と同様にハイライト音源が流れる。会場全体が盛りだくさんのライブをしみじみと振り返っていた。

星と若が　君を変えるはず
波に乗せて　アメーバの様に溶ける――

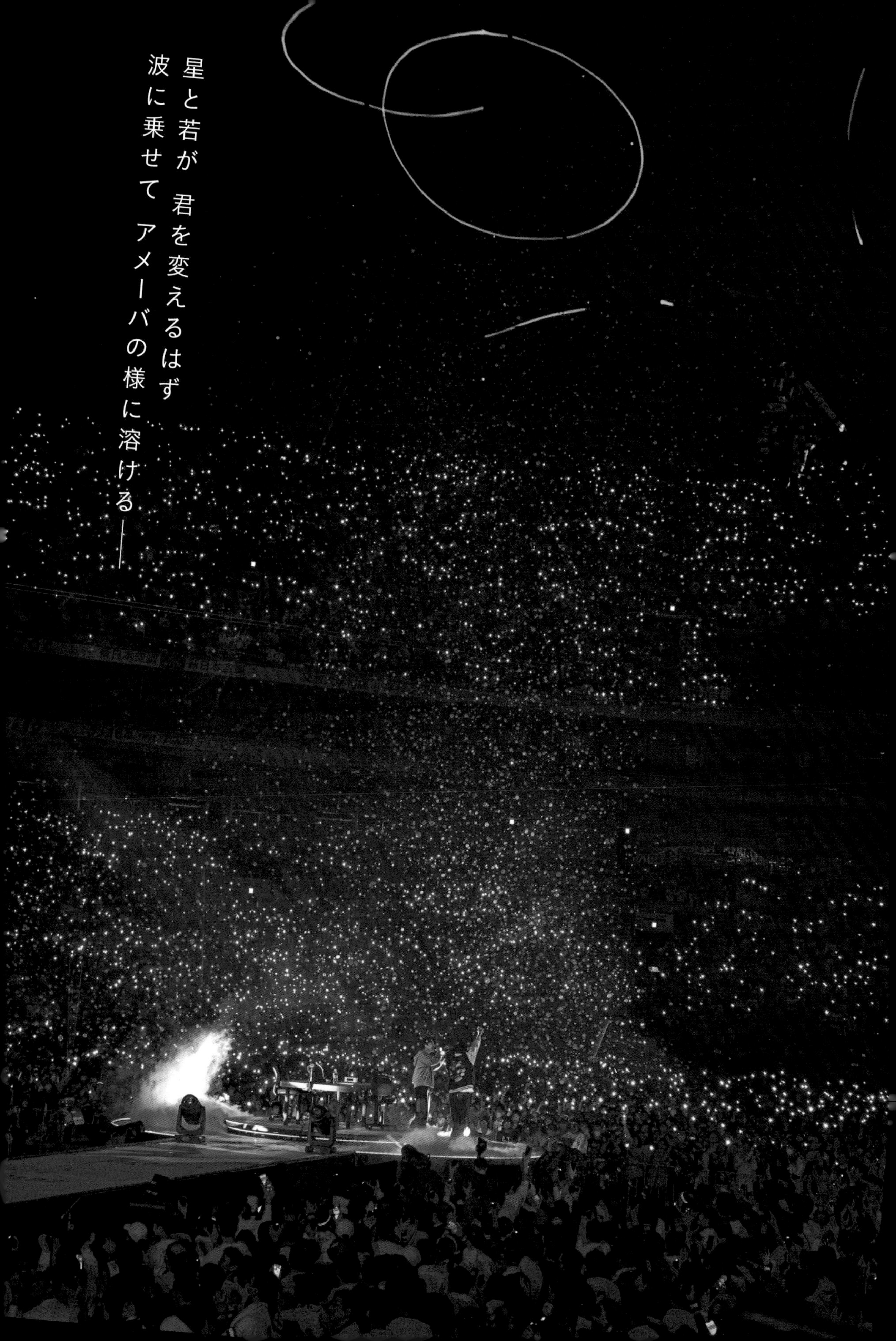

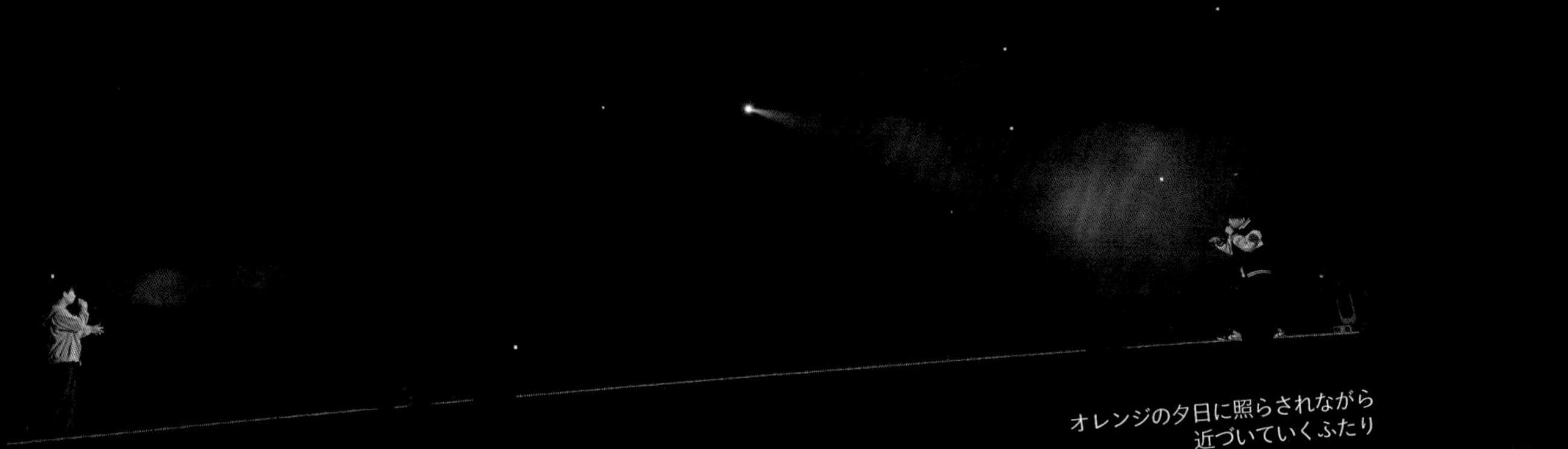

オレンジの夕日に照らされながら
近づいていくふたり

歌とラップ、
そして視線を交わすふたり

トークでは、星野のスケジュールが一転して奇跡的にゲスト出演が叶ったことなどを語った

自己紹介する
LIGHTHOUSEのふたり

若林のアクションに応えた
お客さんによって、ドーム全体が
スマホのライトできらめく

ラストはテープが舞い、
晴れやかな表情で
ふたりはステージをあとにした

死んでも
やめんじゃねーぞ
死んでも
やめんじゃねーぞ

星野源の歌声に
耳を傾けていた春日

センターステージ下
での最終確認

UDREY ANN IN TOKYO DO

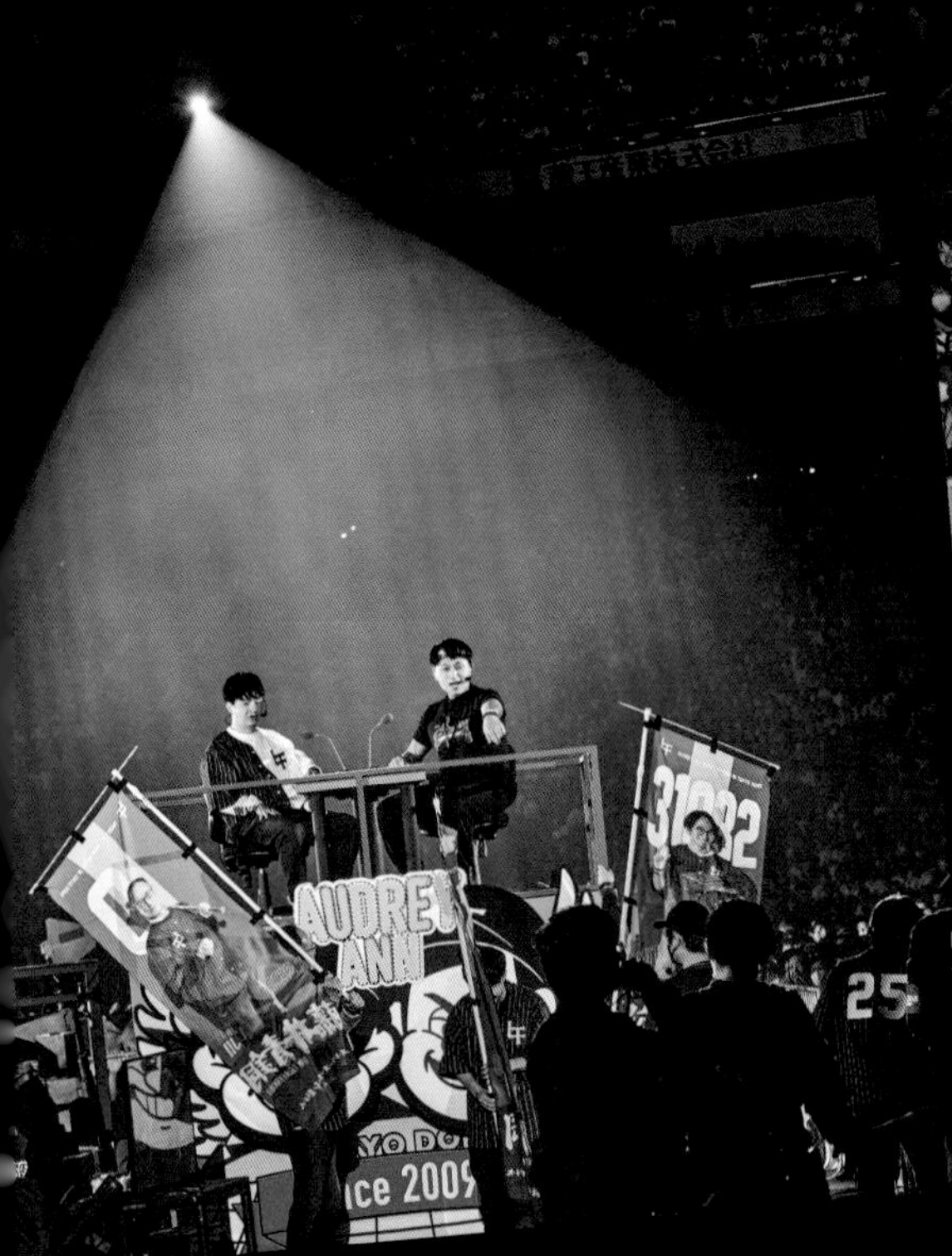
AUDREY ANN
since 2009

AUDREY ANN

文教大学付属 中学校 高等学校
シーズンシート販売中
KEY COFFEE KEY COFFEE KEY COFFEE

漫才

薄暗いセンターステージにせり上がるセンターマイク。いよいよオードリーの漫才が、東京ドームライブのラストを飾る。

出囃子のアナログフィッシュ「SHOWがはじまるよ」が流れると、割れんばかりの拍手に迎えられ、若林がマイクの前に立つ。その後ろをゆっくりと歩く春日。

若林が袖からセンターマイクまでの距離が過去最長だとボヤく。ようやくマイクの前に辿り着いた春日は、微動だにせず直立している。マイクを挟んで並ぶオードリーの姿に、期待が高まっていく。

若林がそのまま「街での声のかけられ方」についてひとりで話し続けていると、それを遮るように春日の「トゥース！」という叫びが響いた。

このトゥースは予定外だったようで、戸惑いながらも漫才を進める若林。ストーリーの前提となる情報を毎回解説してくれる劇場版『名探偵コナン』にならって、コナンのテーマソングに合わせてオードリーの歴史を紹介しようと持ちかけた。

若林がテーマソングを口ずさみ、春日が解説することになると、一瞬ざわつく会場。ざわつきの原因が「歌ヘタ芸人」である自分にあると気づいた若林は、「おい、何ざわついてんだ、殺すぞ！」と客席にツッコみ、改めてオードリーの自己紹介が始まった。

「そっくり館キサラ」の説明が長引いた場面では、延々とショーパブ芸人の名前を挙げていた春日がふと「ジェニーいとう」という耳慣れない芸人の名前をつぶやくと、その脱線を見逃さなかった若林がすかさず春日の首根っこをつかむ。その結果、「僕は漫才ロボットです。受け取ったことを、忠実にやるだけです」と復唱させられる春日。

その後もM-1での活躍というくだりから、漫才に順位をつけることに疑問を挟んだりする春日の解説にしびれを切らした若林は、解説の役割を交代。

春日のブルージーなテーマソングのアレンジに、若林が思わず罪の自供を始めたりしているうちに、だんだん悪ふざけは加速していき、ふたりがただただ腰を振るだけの時間も……。「オードリーの歴史って、腰振りの歴史なのか？」と問う若林に、「（腰振ってたら）ドームに来てたね」と春日。そのひと言に若林は「お前、とんでもない強運の持ち主だな」と感嘆の声をあげた。

ここから、どうにも春日のお客さんへの感謝がたりないのではないかということで、Mr.Childrenの「Tomorrow never knows」の替え歌で春日がお客さんに感謝を述べようとするが、うまくいかない。

普段から感謝を表に出していないので、春日のお腹には「感謝の宿便」が溜まっているのではないかという若林が、春日にお尻から「感謝のバット」として宿便をひねり出すよう促す。それでも、お客さん、クミさん、若林に対して薄～い感謝しか出てこなかった春日は、自分への感謝をスラスラ述べることでようやく感謝のバットをひねり出した。

そこで若林も「感謝のボール」を口から吐き出し、投げたボールを春日が感謝のバットで打ち返す。しかし、なかなか打ち返せない春日。若林は苦悶の表情を浮かべる春日の顔面スレスレで「持ってけ、持ってけぇ～!!」と活を入れる。

それでもまだボールは打ち返せない。「俺も感謝のバット出さないとダメか」と、若林も「Tomorrow never knows」に合わせて「引き出し力」「ラジオのおもしろさ」「トーク力」に恵まれていることなど、自分への感謝を歌い、お尻からバットをひねり出した。

ふたりで感謝のボールを打ち返すオードリー。みんなが拳を握ってふたりを見守っていると、「オードリーのオールナイトニッポン in 東京ドーーーム!!!!」という叫びが会場にこだまし、ボールはドームの天井まで飛んで行った（ように見えた）。オードリーは顔を真っ赤にし、大汗をかき、息を切らせながらステージに倒れこむ。

仕切り直して再びマイクの前に立つと、最後はビールで乾杯。「（みんなから）お守りもらっちゃったのは、俺のほうだったな」と若林がしんみり語る。それを受けた春日のひと言から、若林「お前とはやってられねーわ」、春日「それ本気で言ってるのか？」、若林「本気だったらドームで漫才やってねーよ」、ふたり「えへへへへ」と、およそ30分にわたったオードリーの漫才が終了。

降り注ぐ拍手のなか、若林は深々と頭を下げ、春日はいつものように片手を上げた。

N TOKY

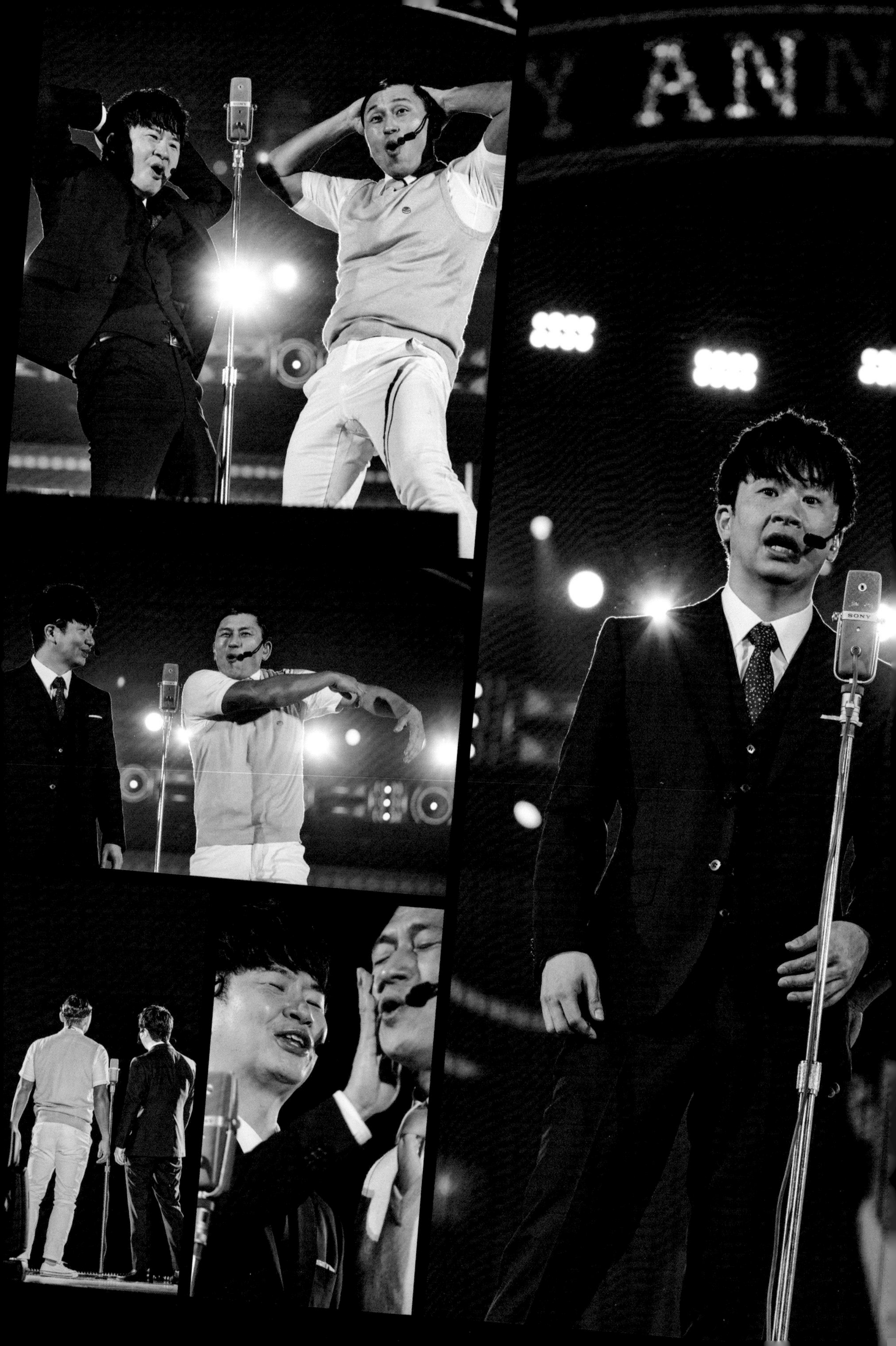
SONY

KYODOME

SONY

DREY ANN
SONY

カーテンコール

漫才が終わると、ドームまでの歩みを振り返るエンディングVTRが流れ始める。観客はこの15年、この1年、この1日を噛みしめるように、ゆっくりと拍手を送っていた。

そして、最後の最後、カーテンコールで再びオードリーが登場。若林は両腕に力を込めたポーズで「体力、全然大丈夫！」と、肉体改造の成果を伝え、春日は満足げな表情で客席を見渡す。

照明に照らされた客席を見て、改めて5万3千人のリトルトゥースが集まったことを実感するオードリー。「ありがとね」しか言えないという春日に、若林も「言葉が見つからない。気持ちが溢れてる」とうなずく。

観客との記念撮影を終えると、「何年後かわからないけど、お互いトゥースだったらまたやろうよ」と感慨深げに語る若林。春日も「ホント、トゥースな話だね」と感激しながら、「今週のラジオでこのライブに触れなかったら、カッコいいのかな？」とニヤリ。

若林が「ラジオと漫才信じてきてよかった」と土曜の深夜にしゃべり続けていくことを誓い、最後に「ラジオ聴いてください」と呼びかけたところで、「オードリーのオールナイトニッポン in 東京ドーム」は幕を閉じた。

終演後

終演後、ステージから楽屋へ向かう廊下で、フワちゃんに出迎えられるオードリー。若林が「ありがとう、おもしろかった。すごいね、ありがとありがと」と感謝を述べると、フワちゃんも興奮した様子で「すごいね、伝説だね！」と熱い言葉をかけていた。松本明子も「オードリーかっこいいよ……！」とまっすぐ感動を伝える。

楽屋前では、星野源らと記念写真を撮影。一瞬だけふたりきりになったオードリーは、舞台裏ではこの日初めて、少しだけ言葉を交わした。自前のカメラでオードリーを撮りたいという星野が「肩組んでもらっていいですか？」と声をかけると、「あとから見たら恥ずかしいやつ（笑）」と言いながら若林が春日の肩に手を回し、春日も自然に応える。

その後、春日は改めてプロレスの衣装に着替え、フワちゃんとリング上でも写真を撮っていたが、慌ただしく撤収作業が進んでいたため、いそいそと打ち上げ会場へ。

楽屋に戻った若林は、「石井ちゃん、ホント大変だったね」と、製作総指揮の石井玄を熱い抱擁でねぎらう。そして、「あと3公演できる」と余裕の笑顔で、軽やかに打ち上げ会場へ向かっていった。

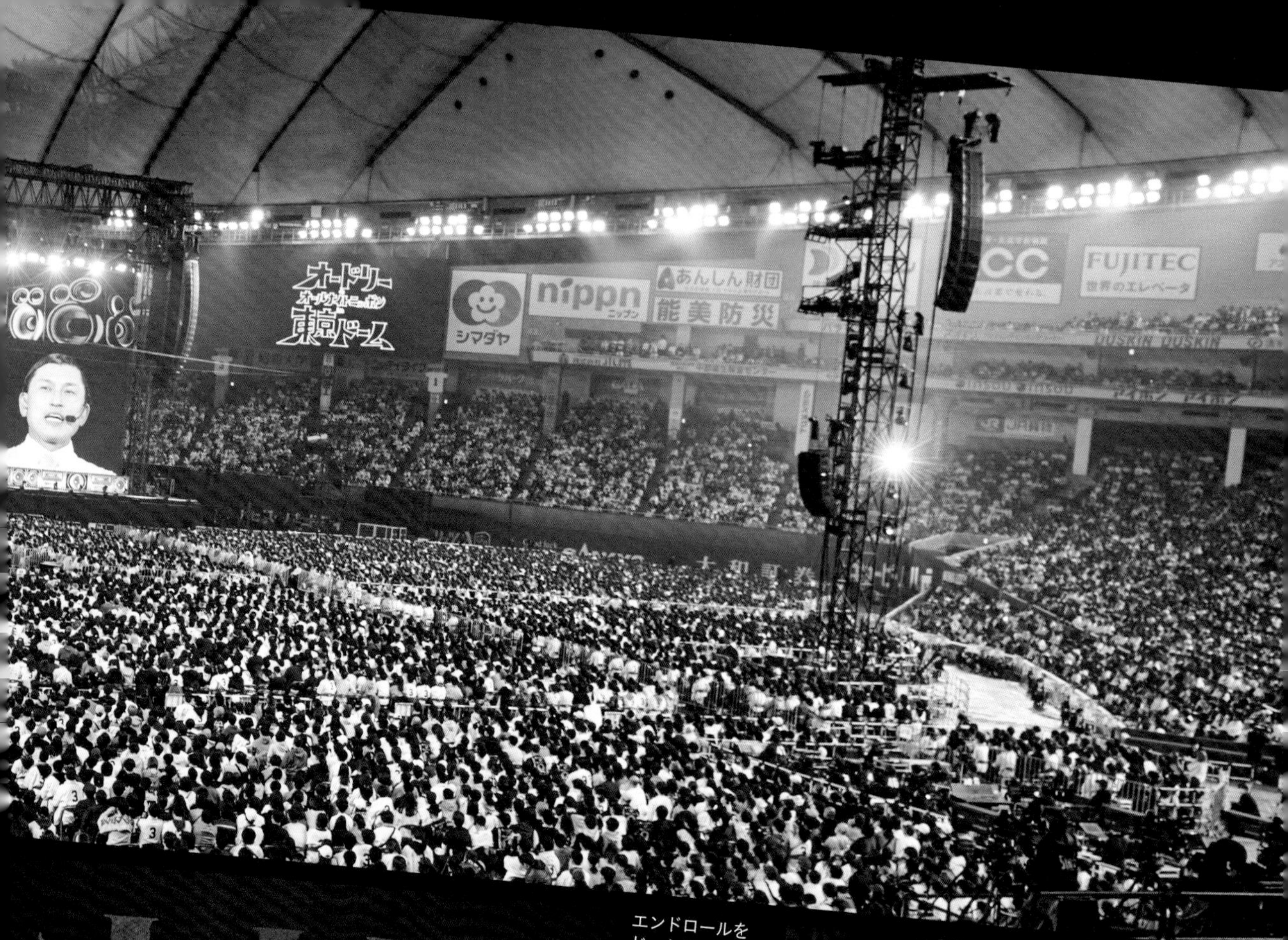

エンドロールを
じっと見つめる若林

同じくエンドロールを
感慨深そうに見る春日

若林はステージ裏体感席側へと下がると、手にはめていたラバーバンドを客席に投げ入れた

春日は満足そうにステージ袖へ

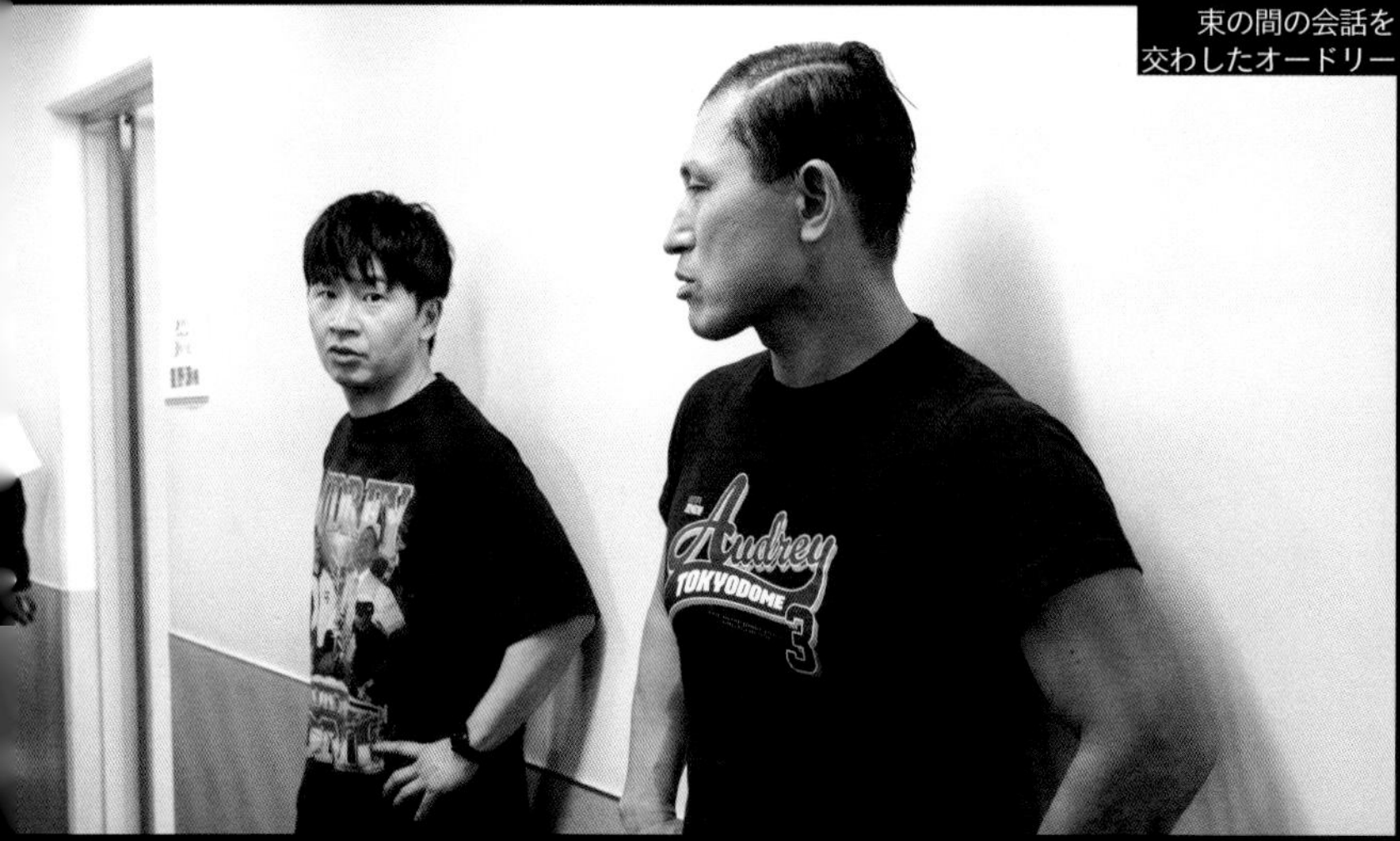

束の間の会話を
交わしたオードリー

和解後、改めて衣装に
着替えて記念撮影

グータッチしようとしつつ楽屋に吸い込まれていった若林と、いちおう拳は出した春日

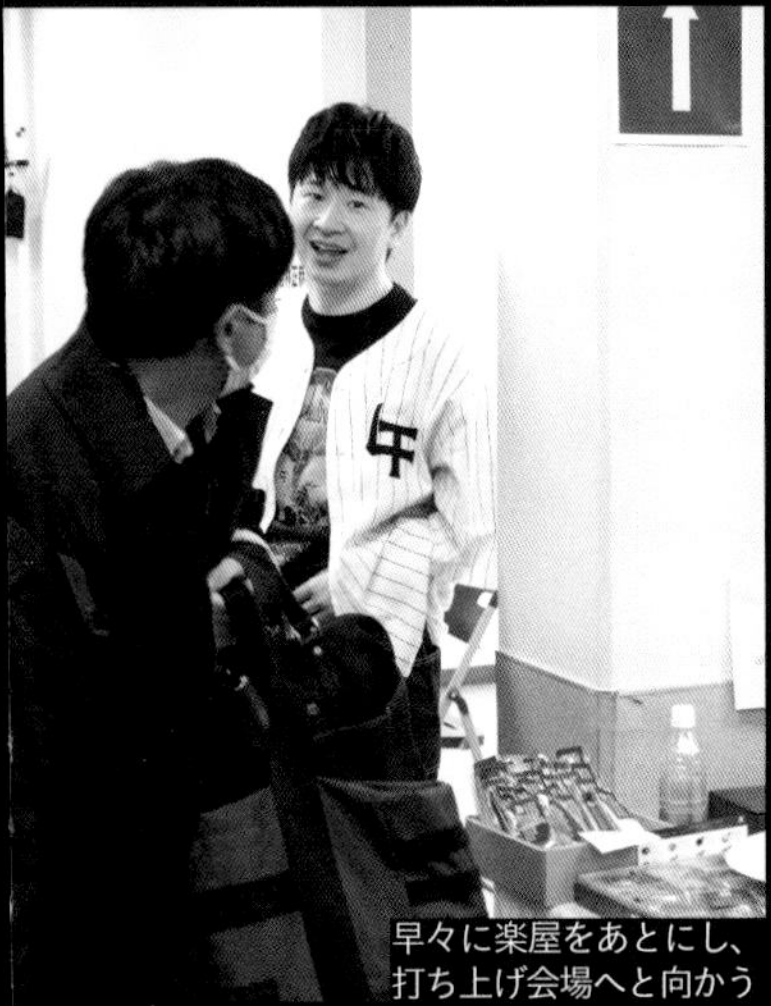

早々に楽屋をあとにし、打ち上げ会場へと向かう

石井とのハグ後、若林は「ライブ終わりのハグが一番いいね」と漏らした

スペシャル対談

春日俊彰×フワちゃん

クミさんに味玉のトッピングを許さない春日と、そんなクミさんの状況に心を痛めたフワちゃん。
その因縁は東京ドームライブのプロレスマッチへと発展したが、激闘を繰り広げたふたりは今、何を思うのか。
いちおうの和解を経て家族ぐるみの付き合いを続けているという春日とフワちゃんが、白熱の試合を振り返る。

お互いぶちのめしてやるしかなかった

春日　パーオ、パーオ！

フワ　パ〜オ〜!!

春日　まあフワとはピロレス（プロレス）で対戦したわけだけど、やっぱワクワクしてたよね。どうやってぶちのめしてやろうか、泣かしてやろうかと思って。生意気だからね、カスちゃんに歯向かってくるというのは。

フワ　生意気（笑）。でも笑い話じゃないよ、味玉のことは由々しき問題だったから。こっちこそ口で言ってわかんないなら、5万人の前でぶちのめしてやるしかない、春日の親も呼んで泣かせてやろうと思ってた。

春日　5万3千人ね。全部で16万人。

フワ　ちゃんと覚えてんなぁ（笑）。

春日　味玉をつけないってのは、もう決まってることだからね。それを「まだ言ってんのか？」って。だから、ピロレスでも黙らせてやろうと。こっちはいろんな競技やってきましたから。バディ（ボディ）ビルダー、フィンスイミング、レスリング、ウエイトリフティング……。

フワ　あと、ペアでアエロビ（エアロビ）も。

春日　アエロビも。どれもちゃんと練習してきましたけど、中でもピロレスは生半可な気持ちではリングに上がれないっていうのはあった。やっぱりプロレス少年だったから。たまにね、プロレスラーと芸能人が戦うけど……見てらんないですよ、プロレス好きとしたら。

フワ　ははは（笑）、言うなよ、フワもやったんだから。春日、フワの試合観て泣いてたし。

春日　フワはピロレスラーだから。試合観て、たいしたもんだと思ってた。だからこそ、ぶちのめせるのが楽しみでね。残念なことにならないように100で準備して、完封勝ちしようと。

フワ　『キン肉マン』の読みすぎなんだよ。

春日　プロレスラーらしく脂肪もつけてね。ある程度脂肪がついてないと、痛えらしいんで。

フワ　確かに、日焼けしてたし、仕上がってた。

春日　どの競技でもそうだけど、やってる人、好きな人にはわかるのよ、ちょっとした所作で「あ、全然だな」とか。だから、プロレスリング・ノア様の道場に通わせてもらって、ロープワークとか起き上がり方とか、基本的なことをずっと教わってたね。

フワ　とにかく入場からもうスタープロレスラーの風格がビンビンだったんだよ。しかもヒール。新人のくせに。すげぇよな。普段あんなに仲良しのカスちゃんが、リングの上に立った瞬間恐ろしく感じたもん。まさかあの裏側で、基本的な練習をしてたなんてかわいすぎ。毎日コツコツ練習して、オーラをまとってきやがった。かわいい（笑）。

何度痛めつけても笑顔で立ち上がる春日

フワ　組んだ瞬間の力もプロレスラーだったね。

春日　女子だからとかなかったから。「天龍対神取」（※1）を再現してやろうかなって。やっぱりリングに上がったらね、老人だろうが、我が子だろうが、そこはもう全力で。

フワ　ダメだよ（笑）、トラウマになるよ。

「プロレス少年だったから、生半可な試合だけはやりたくなかった」（春日）

春日　死んでもしょうがないくらいの気持ちで上がるものだから。まあ、こっちもフワと組んでみて思ったのは、「つぶしがいがあるな」っていうね。「こんなもんか」って感じだったら、テンションも下がってたと思う。

フワ　そこはもう火事場の馬鹿力っていうか、「味玉の馬鹿力」。クミさんの代理だから、その怒りでカスちゃんをぶん投げてた。でも、おもくそ殴っても受け身取って戻ってくるし、どんだけぶちのめしてもすぐに立ち上がってくるから、得体の知れない恐怖感があって。化け物みたいですごかった。春日の味玉をつけさせない思いは並々ならないなって。

春日　逆に燃えてたからね。5万3千人がみんなフワの味方で、こんなにヒールだとは思わなかったんで。あと、あの生意気な解説の野郎。

フワ　あははははは（笑）。サトミツ。

春日　なんか「気持ち悪い」とかさ、「友達少ねえ」とか関係ねえことほざいてたから、あの野郎もぶちのめしてやろうと。

フワ　カスちゃん、意外と試合中の解説聞いてたし、花道でフワをぶちのめしすぎてお客さんが引いてたのも気にしてたよね。

春日　そこはやっぱプロレスのお客さんじゃないんだよね。でもそれも、もう関係ねえと。女子が相手だろうとこれくらいやるんだって、5万3千人とも戦ってた。まあ、フワが技をかけてきて向かってくる感じは、やっぱ楽しかったけどね。カスちゃんがフワを踏みつけたら、フワがドロップキックでやり返してくるのとか、「おぉ、いいねえ」って。

フワ　ははははは（笑）、唐突。

春日　アメフトとか体を張るロケーションとかをやってきたから、体に衝撃が加わるたびにテンションが上がるというか。ブレーンバスターとかプランチャをかましてきたときも「いいねぇ」って。

フワ　あれはカスちゃんだからこそ出せた。でも、自分史上最高難度の技を決めて「あれは喰らっただろう」ってカスちゃんを見たらさ、嬉しそうにしてるんだよ。これがまた恐怖心を煽るの。あとムカつくのがさ、カスちゃんは技かけても「痛え」って言わないで「熱い」って言うんだよ。「あつっ！」って。

春日　うん。

フワ　「コイツに『痛え』って言わせてえな」と思って、場外プランチャまでやったの。あんなの芸能人にかける技じゃないし。何年も修行した選手しか受けられないと思ってたから。でも、それを受け切って、かつグレゴリーボムかましてくる力まで残ってたのも恐怖だった。

春日　あれは気持ちよかったね。何か決めに来る面構えのフワをグレゴリーで迎え撃って。当たる瞬間のあのツラ、最高だった（笑）。

フワ　ムカつく！（笑）もう1回ぶちかましてやろうかな。

春日　あれもよかったね、私が場外から戻ってシャイニング・ウィザード喰らったあと、スペースローリングエルボーで返したっていう。フワの武藤（敬司）さんの技に対して、こっちはグレート・ムタ（※2）の感じで返して。

フワ　やっぱカスちゃん、プロレス好きだね。試合中もプロレスラーリスペクトが見られたし。なんか私にはわからないオールドプロレスのねとか入れてたよね？

春日　まあ、「ピロレスでヒールといったら、厚・大仁田だな」みたいな感じで、いろいろごちゃごちゃやってたよね。

フワ　カスちゃんがボコボコにされるとウケるんだよ。5万人みんながカスちゃんのやられっぷりを見て笑ってるっていう、楽しい時間だったな。うん、いいヒールだね。ボコボコにされるほど燃えるって、向いてると思う。

春日　あと、技を受けて受けて、受け切って勝つっていうプロセスも大事だし。

フワ　それにしてもカスちゃん容赦なさすぎて、途中で笑っちゃいそうだったから。「コイツ、ここまでしてくるんだ!?」って。顔を思いっきし掴んで下に叩きつけてきたりさ、最後なんてマジで息できなかったからね！

春日　喉輪（落とし）ね。トドメ刺そうと思ってたから。終わらしてやろうと。その前の毒霧もよかったけどね。

フワ　信じらんない！

春日　フワが調子こいてたから、それを毒霧で迎え撃って。のたうち回るフワを見たときは、やっぱり最高だったね（笑）。

フワ　あんな卑怯なことして勝って。根っからのヒールだ、コイツは！　でもかわいかったのが、試合中。カスちゃんの背中がキラッと光ったの。「え？」と思って見たら、私がほっぺにつけてたお星様のシールが、なんかの拍子でカスちゃんの背中にくっついちゃってた！　「コイツは敵、ぶちのめしてやんなきゃいけねえのに……でもかわいい！」ってなった（笑）。

春日　あれはちょっとやられたよな。

フワ　あれはかわいすぎた。

まだ火種は消えていない

フワ　でも、大好きな友達相手に毒霧までしてきて、マジ許せねえよ。「ウソだろ？」と思って、パッとクミさん見たらドン引きしてたから。

春日　はははは（笑）。そうだな。

フワ　あそこまでヒールが似合う人だと思わなかった。あれはもう完全に「春日」っていうプロレスラー。毒霧で前が見えなくて、暗闇の中にカスちゃんのお星様だけが見えた。

春日　そしたらもう試合終わってて。

フワ　そう。「マジ？」って信じられなかった。

春日　ただ、フワも女子ピロレスラーなんでね、勝負はどこでどう変わるかわからなかった。運的なものもあったと思う。あのときはフワが起き上がらずに3カウント入ったわけだけど、次やったときはどうなるかわからないですよ。

フワ　ムカつくのが、あの3カウントの仕方もさ、しっかり肩を押さえて起き上がれないようにフォールしなきゃいけないのがプロレスなんだけど、コイツ、膝で踏みつけてきやがって。

春日　いや〜、そうだね。

フワ　もう1回やり返してやりたい。

春日　まあまあ、やってて楽しかったんでね、またやってもいいかなとは思うけど。

フワ　まだまだ言わなきゃいけないことが山ほどあるから。エアコン問題とか、ゲレンデ土禁問題とか。まだまだぶちのめせる。

春日　だから、次やるときはクミさんとタッグ組んでもらってもいいしね。

フワ　ははは（笑）。ナメた口きいて。

「春日に『熱い』じゃなくて『痛え』って言わせてやろうと思って」（フワちゃん）

春日　あと、あの生意気な解説の野郎。3人でかかってきてもいいぐらいですよ。

フワ　ナメた口きいてられるのは今のうちだからな。もう試合前からいろいろ仕組んで、メンタルから削ってってやるよ！

春日　おぉ、楽しみだね。

フワ　でも、春日がまさか心を改めて味玉つけていいとか言うと思わなかった。

春日　やっぱ思ったよりフワがやったんでね。なんかそういう気分になったというか。春日にそう思わせたフワもたいしたもんだなと思うけどね。

フワ　おもくそぶちのめすより、北風と太陽みたいに響かせたのがよかったのかもね。そういえば、最後にみんなで仲直りした後、味玉無料券の紙吹雪が飛び出したじゃない。ウチらあんとき、全員で手をつないでお客さんにお辞儀みたいなやつやってたんだけど、全員降ってきた味玉無料券を探してて、誰もこっち見てなかった。カスちゃんがちょっと落ち込んでたよ。

春日　みんな取りに行ってたからね。なんか、HEY！たくちゃんの店でだいぶ味玉が出たらしいよ。地方から泊まりでドームに来てた人が、次の日に味玉無料券使って帰ったみたいで。私も拾いたかったんだけどさ。

フワ　タダでトッピングできるからね。

春日　そういえば、T京駅（東京駅）の近くに味玉無料の店を見つけたんだよ。

フワ　えぇっ!?「つけていいよ」って言ったんだから、有料のとこ行かなきゃダメだよ！

春日　嗜好品なのに金を払ってつけること自体は、いまだに意味がわからんっていうね。

フワ　あはは（笑）。執念。

揉めたら戦えばいい

フワ　今は仲良くしてるよね。和解して、「Family Song」歌ったから。マジで週1～2で遊んでるよね。春日もちょっと寛容になって、プロレスの打ち上げでもおごってくれた。あんな春日見たことないから、びっくりした。

春日　うん、戦うと逆に前より距離が近くなるというか、やっぱ一回、憎しみ合いましたから。でも、ノア様とね、フワオンナが所属するスターダム様とね、みんなで打ち上げしたけど、あれはTD（東京ドーム）の興行というか内容のひとつなんで、事務所が（費用を）出してくれないものか働きかけてるのよ。その反応がいまいちだから、ちょっとうちのチーフマネージャーともプロレスしなきゃいけないなと。

フワ　あはは！（笑）気持ちよくおごってくれたのに、なんでだよ！

春日　いや、なかなかの額だったのよ。無観客でいいから、巌流島でね、火を焚いて、ちょっとやってやんなきゃいけないな。

フワ　見てらんねえよ。せっかくいい話だったのに。でもホント遊んでるよね。星野源とも遊んだからな～。ポークライスおいしかった！

春日　TDに出たからこそのつながりだね。

フワ　星野源が春日の家にいて、チャチャをなでてる姿、信じられなかった。

春日　フワオンナなんて、最初のころは2時間ぐらいずっと吠えられてたからね。あの生意気な解説野郎が宅に来たときなんか、吠えすぎてこっちの話が聞こえないくらいだった。なのに、源・星野さんはすぐ転がしてたでしょ。

フワ　言葉では言えないオーラにひれ伏した。やっぱりスターなんだよ。

春日　で、ポークのライスを食しながら、みんなでピロレスの映像観たりして。

フワ　なんか、春日が元ネタ知ってほしくていっぱいしゃべってた。

春日　けっこう星野さんもプロレス好きみたいで。本当のプロレスの試合も生で観たくなった、みたいなことを言うんで、クミさんが「今度、みんなで行きましょう！」ってテンション上がってた（笑）。

フワ　すげーんだよ、クミさん。気づいたらもう誘ってんだよ。でも、みんなANNやってるから、それぞれが番組でこのこと話したんだけど、カスちゃんは「フワが全部しゃべった」「レディオマナーが……」とかってブチギレてんの。

春日　だからね、本当に「またやってやんなきゃいけねえな」って。フワとは抱えてる案件が多いから、7場所くらいできる。もうすぐ（海外に）行っちゃうけども。

フワ　だったら、USで本場のWWEとか観てこようかな。

春日　ああ、メキシコも行くわけでしょ？ルチャ（※3）も習ってもらって、海外修行して帰ってきたら、またやりたいね。

フワ　いいね！「このままのフワで帰ってくると思うなよ！」ってやつだ。向こうでフライドチキンとかポテトとかもいっぱい食べてさ、体重も3桁にして帰ってこようかな。カスちゃんとはいつまでもピアー（ペアー）でいろいろやっていきたいからね。

春日　まあね。アエロビのピアーとしてもアジアで8組中6位だから。

フワ　8の部分は言わなくていいよ！（笑）

春日　8組中6位取ったピアーが、シングルでぶつかるっていうのが激アツ展開なわけだから。

フワ　確かにな。ホント、カスちゃんとこんなことになると思わなかった、超最高の大親友。

春日　で、何か揉めたら戦えばいい。非常にシンプルでわかりやすいというか。今回のプロレスで、それがわかったのがよかったですね。

フワ　なんかあったらリング出してもらって、拳と拳で決める。

春日　だからね、春日に物申したい人を集めて、片っ端からやってやるのもいいかもしれない。片っ端から潰していくだけの東京ドーム大会。次はそうしてもらおうかな。

フワ　待ちぼうけになるよ。春日がリングの上で「誰も来にーじゃねえか」って（笑）。

（※1）2000年7月2日に行われた、プロレスラーの天龍源一郎と女子プロレスラーの神取忍による伝説的な男女マッチ。「顔面変形マッチ」と呼ばれるほど、天龍は神取の顔をボコボコにしている。

（※2）武藤敬司の第二の人格とされるヒールレスラー。顔に派手なペイントを施し、毒霧などを得意としている。

（※3）スペイン語でプロレスを意味するのが「ルチャ・リブレ」で、メキシカンスタイルのプロレスのこと。

フワちゃん
YouTuber芸人として、2018年にYouTubeデビュー。2019年以降はテレビでも活躍し、新語・流行語大賞に入賞、ギャラクシー賞を受賞するなど、一躍お茶の間の人気者に。現在、『フワちゃんのオールナイトニッポン0（ZERO）』（ニッポン放送）を担当中。

スペシャル対談

若林正恭 × 星野源

ともにANNでパーソナリティを務め、『LIGHTHOUSE』(Netflix) ではユニットとして対話を重ねてきた若林と星野が、東京ドームライブでの共演を振り返る。ふたりが語る、もの作り、ステージで生まれるもの、ラジオらしさとは……。

東京ドームじゃないと若林さんは燃えない

若林　思い返せば、3〜4年前に『YELLOW MAGAZINE』(※1)の対談で星野さんに「東京ドームライブやってください」って言われたときは、100%冗談として捉えてて、実際にやるなんて思ってなかったです。でも星野さん、あのときけっこう目がマジでしたよね？

星野　そうですね(笑)。でも、あのときは確か「ドームってどんな感じなんですか？」って若林さんから質問があって、僕も半分冗談で言ったんですよ。ただ、なんで50は本気だったかと言うと、若林さんにドームでやりたそうな感じがちょっとあったから。

若林　ホントですか？

星野　ドームでというよりは、今までやってこなかったことをやりたい感じがしたんですよね。僕が『LIGHTHOUSE』で若林さんに「(仕事に)飽きたんじゃないですか？」っていう話をしたのも、実はあの対談のころから思っていたことではあって。テレビで観てもラジオを聴いても、なんかもがいている印象があったので、自分の計算とかエゴが全部ぶっ飛ぶような場所に一回行くのがいいんじゃないかなって。

若林　実際、なんか見えちゃうっていうか、RPGで先に攻略本読んじゃって、ボスを倒したとてどうなるかわかっちゃうような感じはありましたね。その先に行きたいのか、行きたくないのかもわかってない状態だったかもしれない。なんか、「たりないふたりだ」とかって言って、今までみたいに弱い側から噛みつかせてもらえる立場じゃないこともわかってきて。「お金もらえるようになったのに、まだ噛みつこうとして大丈夫か？」みたいな感じの時期でしたね、武道館からドームまでは。

星野　僕の中では、あの対談から始まって、『LIGHTHOUSE』があって、ドームライブを迎えたっていう、勝手なストーリーを描いていて。そのストーリーがすごく素敵な結実を迎えたなと思って、感慨深かったですね。

若林　ふふふ(笑)。でも、途中でちょっとビビってはいて。実はほかにも候補になっていた場所があって、そっちが濃厚だったんです。ライブのDVDなんかも観て「こっちならできそうだな」みたいな。たぶん、東京ドームでやるのを怖がってたんですよね。

星野　そのころ、(製作総指揮の)石井ちゃんからほかの候補もあるって聞いて、「東京ドームがいいよ。そうじゃないと若林さんは燃えない」って無責任に言ったのが、俺(笑)。

若林　あははは(笑)。でも、星野さんもキャリアの中でそういうことを感じてた時期があったってことですよね。

星野　自分では細かいレベルでそういうことを繰り返してきていて、若林さんもそうじゃないかなって。だから、自分が経験したことを言ったというよりは、予感みたいなものだったと思います。

若林　でも、確かにラジオって言葉の端々にそういうのが出ますよね。ほかの人の話を聞いてて、「今、この人はこういう時期なんだろうな」みたいな。で、自分でもそういうゾーンにいることに気づいてない。だから、たぶんそれに気づいていく5年間だったんですよね。

「お客さんごととアメーバになる時間が生まれたと思う」（若林）

星野　髪の毛を分けたりしてましたよね。

若林　そうですね、荒れたりもしました。一時期、親父の名前をタトゥーで足首に入れようか奥さんに相談したこともありましたから。それで何かが変わるんじゃないかって。奥さんも「まあいいんじゃない?」みたいな（笑）。

星野　極端ですね（笑）。向井（慧）さんがピアス開けたのと同じ感じなんですかね。

若林　そうだと思いますね。

星野　いや、めちゃくちゃわかります。

「友達」じゃなくて「おともだち」

星野　今回、漫才のネタ作りに悩んでいたっていうお話もされてたじゃないですか。そのプロセスって、どんなものだったんですか?

若林　頭のほうはいわゆる「漫才」、リスナーじゃない人でも笑えるものにしようと決めていて。で、ケツは俺と春日だけが楽しいものにしたかったんですけど、お互いおじさんだから、最先端のワードや設定を入れたりしても笑わないだろうなって悩んでる期間が長かったんです。そこで、高校生同士で昼休みに遊んでたときの感じ、その場でおぼろげにあったルールが出来上がっていくような作業をしたいなと思ったときに、けっこう広がっていきましたね。

星野　ネタの入口と出口を考える感じ、わかります。曲作りでも、ドラマのタイアップならドラマのストーリーがあって、歌詞のヒントにはなるけど、ストーリーをそのまま歌いたいわけじゃないから、自分が残したいものとの合わせ技で考えるんです。入口はドラマの世界観から入るけど、最終的には僕の歌になっているという形だったり。構成から考えていって、それにハマるピースを延々と考えるというのもよくありますね。

若林　なるほど。そういえば、「Pop Virus」のリリックを考えてるときに、漫才もけっこうどん詰まってて、東京ドームを見に行ったんですよね。ドーム見たら思いつくかなって。そしたら、東京ドームはしっかり閉じてるから、「茫洋と膨らんだものの中でやるんだ」っていうイメージが湧いて、それってラジオっぽいなと思ったんです。今はラジオって昔みたいに閉じられた世界とは言えないけど、外とは気圧が違うというか。だから、ドームの中に集まるっていうのは、空間としても意味のあることなんじゃないかなって。今まで漫才を言葉から考えることしかやってこなかったんですけど、そう感じたことで変わっていったのかもしれないですね。

星野　「おともだち」を作ったときは、一回若林さんとお食事に行かせてもらって、ドーム公演のイメージを聞いたりしましたよね。その中で、ラジオをやっている感じが、学生時代に深夜に電話して、ずっとゲラゲラ笑っていたのとあまり変わらないとおっしゃっていて。

若林　はい、はい。

星野　最初は真っ白な場所から再出発するようなイメージもあると聞いていたので、ちょっと勇ましい、再出発のテーマソングみたいなものを思い描いていたんですけど、その話を聞いて、オードリー自身の歌というか、変わってこなかった部分を歌にできたらいいんじゃないかなって。で、おぼろげに思いついたイントロが、すごく気持ち悪いフレーズで（笑）。でも、なんかカッコいいなって。

若林　あははは（笑）。

星野　そこからグッとくるような曲にしたいと思って作っていったので、これも入口と出口が違うっていう。でも、ヘンだけどカッコいいオルタナティブな雰囲気と、エモくて楽しい感じ、相反するものを持っているのがオードリーとも感じる。だから曲の発表があったあと、若林さんと春日さんからもそれぞれお礼のメッセージをもらって、「この曲が今まで一番オードリーだと思う」と言ってもらえたのはすごく嬉しかったですね。

若林　いや、「おともだち」っていう言葉を選んだ星野さんって、凄まじい人間だなと思って。「友達」とか「親友」とかっていう言葉があるけど、春日って「おともだち」なんですよね。俺、春日と全然価値観が合わないし、アイツの考えてることも好きじゃないんですよ。

星野　あははは（笑）。

若林　でも、価値観が合えばいいもんじゃないっていうか。全然好きじゃないけど、なんか波の数が合う人、「友達」じゃないけど「おともだち」。そのちょっと離れるし、ちょっと近づく「お」の距離感なんですよね。よく言うじゃないですか、交際疑惑が流れたら「おともだちです」って。そう思ったら、星野さんすごいなって。

星野　あのタイトルは最後に決めたんです。最初は『おかしな二人』にしたくて。昔の映画のタイトルで、原題の「オッドカップル（The Odd Couple）」にしようと。でも、「おかしな二人」っていう曲が別にあったんです。

若林　へ～。

星野　それで一回、漢字の「友達」にしてみたら、「うわ、寒っ！　めちゃくちゃスカしてるじゃん」と思って。「ともだち」もちょっと違う。でも、「おともだち」は自分で選んだ感じがしないというか、気づいたらおともだちになってるイメージで。たまたま一緒にいて、それがずっと続いている、みたいな歌詞でもあったので、それがいいかなって。

若林　俺がトガってたときに、ラジオで「俺と春日の関係ってそうじゃないんだよ」ってリスナーを教育したいけどできなかったことが、あの曲でケリがついた気がするんですよ。

星野　うんうん。

若林　今回、「エモい」って言葉がついて回るライブだったと思うんですけど、徹頭徹尾「おともだち」だったし、そうありたかったので、嬉しかったですね。すごくいい言葉だと思います。サトミツもね、号泣して（笑）。

星野　あの曲を一番エモく感じてた人かもしれないですね（笑）。

忘れられない瞬間

若林　ライブでは、俺がDJやってたところに星野さんが上がってきましたけど、「東京ドーム、久しぶりだな」って言った瞬間、陰陽師みたいにその空間の空気を変えたのがすごかったですね。若いときのお客さんが入ってないステージとか、ドームツアーとか、星野さんがずっと板の上に立ってきた歴史を感じたんですよ。

星野　ありがとうございます。

若林　自分としては、男子校の文化祭みたいなアマチュアリズムを中心に置いていて、それは春日のプロレスもそうだし、俺のDJもそうだし、それでいいと思うんですよ。けどなんか、あそこで「歌、うまっ！」と思って。

星野　ははは（笑）。

「あの景色はずっと覚えているし、自分を救うときもある」（星野）

若林　失礼なのは承知の上なんですけど、その歴史がドームの大きさにぴったり合ってる感じがしたんですよね。あと、プロのミュージシャンって、ステージの上で「神事」みたいなことをやってる人たちなんだなって、あの短い時間で感じて。だから、結界の中に呪術を持たずに入っていくような気持ちになったんですけど、「負けちゃいけない」と思って飛び込んでいったっていう。あのオレンジの帳に入っていく感覚は、肉体的にも鮮明に残ってますね。

星野　DJの時間からシームレスに「Orange」に入る演出だったので、何かひと言言ったほうがいいなと思ったんです。「違うことが始まるよ」っていう意味で。お客さんが「星野源だ」って目で認識するのって、意外と時間がかかるんですよ。でも、喋り声と顔になれば、たぶん認識がちょっと早くなるだろうから。

若林　そうなんですね。

星野　歌い出してからは、ふたりが（花道の上で）交差する演出でしたけど、リハでは若林さんが全然僕を見ないんですよ。「もうちょっと見てほしいな」と思って（笑）。

若林　ははははは（笑）。

星野　でも、本番ではちょこちょこ見てくれた。これも本番強さというか、これまでステージを重ねてきた人だからこその瞬間があって、それが本番で生まれたんじゃないかと思うんです。ポークライスを食べに春日さんの家にお邪魔したとき、フワちゃんとのプロレス映像を観ながら春日さんが解説してくれたんですけど……。

若林　アイツ、とんでもないことするな（笑）。

星野　そこで初めて僕らのステージの映像も観たんですけど、曲終わりの「この道」って歌詞でふたりで笑い合う中で暗転するんです。超バッチリだなって。ああいう本番で生まれる一体感があると、やってて楽しいなって思えるんですよね。

若林　それこそ、星野さんが言ってた「アメーバ」（※2）ってことですよね。俺、リリックに「領域展開」（※3）っていう言葉を絶対に入れたくて。『LIGHTHOUSE』の流れもあったし、あの空間では限られた時間だけど間違いなく楽しいことが味わえるっていう感覚はあったんですよ。実際にステージでも、アーティストはすべての命で空間ごとプロデュースする人なんだと思った。だから、（ビックスモールンの）ゴンちゃんも「ようやくプロが出てきた」って。

星野　ははは（笑）。

若林　それって、あの規模の空間を知ってる人が出てきたっていうことで。南原（清隆）さんにも言ったら、「申し訳ないけど、それ思った」って笑ってましたけど（笑）。そこから、一瞬だけど永遠に近い、お客さんごとアメーバになる時間が生まれたと思うんです。あの世界と自分の浸透圧が0になる感じは、たぶん死ぬまで忘れないでしょうね。

得難い経験がお守りに

星野　ライブ全体素晴らしかったんですけど、印象的だったのはモノマネ芸人さんやTAIGAさんたちの、あのくだらなすぎる時間でした（笑）。大事じゃないですか。あの時間があるから、オードリーの漫才の単独公演じゃなくて、オードリーのANNの公演なんだなって感じられるというか。それこそオードリーが15年かけて作ってきた領域で、その中で好きなことができる、みたいな。

若林　あはは（笑）。うん、そうですね。

星野　まさに領域展開する技術がある人じゃないとやれないことっていうか。だから、無理してる感じも全然しなかった。もっといろんな催しがあるのかなって思ってたら、ゲストも関係性のある人で少人数だったし、ダベりの延長みたいな感じで。それが個人的にも好きだし、求めているファンの皆さんも多かったと思います。でも、ドームでそんな風にできる人はなかないないと思います。

若林　なんか、ラジオって今やネットニュースにされやすいとかリスキーな媒体だし、お笑い的にも揚げ足の取り方が増えちゃって、ラジオだけの共通言語とか、ラジオやってること自体をイジる芸人もいるんですよ。でも、ずっと番組をやってるとどうしても共通言語は増えていくわけで、そこは照れずにやって（外野を）黙らせてやろうと腹くくったところはありましたね。で、ちゃんと黙らせたなって。

星野　そうですね。

若林　ラジオ的なつながりのある仲間と、共通言語を使ってライブをやる。そういうことしかやってこなかったし、それでいいし。今回そこに向き合ってみて、やっぱりラジオが好きだなと思って。でも、「ドームでライブやったぞ」っていう気持ちって、5日間ぐらいしかもたないんですね。

星野　ああ、すごくわかります。

若林　武道館ライブのあともそうだったんで、わかってたことなんですけど、6日目からは「なんかうまくいかないな」とか思い始めちゃう。だからこそ、当日を味わおうと思ったし、日常に戻ってからもあの景色は脳に刻まれて、お守りというか救いになってる。

星野　「俺、なんにもしてきてないじゃん」ってよく思うんです。人に相談すると、「バカじゃないの？　あれもこれもあなたがやったんだよ」って言われて、確かにそうだなと思うんだけど、なんか、やったことはもういいことになるというか。前に進んじゃってるから。

若林　はい、はい。

星野　たぶん、何をやってもそう思ってしまう気がします。でも、ドーム公演とかの景色ってずっと覚えてるし、それが本当に自分を救うときがあるんですよ。で、まわりもずっと覚えていて、その人に気づかされるときもある。だから、「お守り」ってその通りだと思います。

若林　いや～、そうですね。そのお守りを手にしたことは、すごく誇りに思っていいんですよね。もうちょいもってほしいけど（笑）。5日間っていうのは、なんなんだろうなぁ。

星野　ホント、もたないですよね（笑）。

（※1）星野源のオフィシャルイヤーブック。2021年に発売された『YELLOW MAGAZINE 2020-2021』に、星野と若林の対談が収録されている。

（※2）若林がゲスト出演した2021年9月7日放送の『星野源のオールナイトニッポン』で、星野はステージ上で雑念が消え、自分とお客さんとの境もなくなるような感覚を「アメーバ状になる」と表現していた。

（※3）漫画『呪術廻戦』（集英社）に登場するワードで、人間や呪霊が持つ心の中の領域を、術式と呼ばれる能力で外部に構築した結界。

星野源（ほしの・げん）
音楽家・俳優・文筆家。自身主演のドラマ『逃げるは恥だが役に立つ』（TBS）の主題歌「恋」など、ヒット曲を多数リリースし、2019年には、5大ドームツアーを開催し33万人を動員。現在、『星野源のオールナイトニッポン』（ニッポン放送）を担当中。

東京ドームのステージに立つ
夢に近づけた

INTERVIEW

ビトタケシ

—オードリーが東京ドームでライブをやると聞いてどう思われましたか？

ビト　俺ね、これについては予言してたの。5年前の武道館公演の前日、実は東京ドームホテルに泊まっていて。窓から見えた東京ドームをスマホで撮って「次はここだろう」って。

—（写真を見せてもらい）若林さんの部屋からは見えなかったドームが写っていますね。

ビト　あははは。ばっちり見える部屋でしたよ。

—実際に出演の依頼を受けたときはどうでしたか？

ビト　当たり前だろう！と。俺を呼ばなかったら、当日、ドームの屋根の空気を抜きに行くぞって（笑）。でもやっぱり素直に嬉しかったよ。ショーパブ時代、若林にはよく「東京ドームに立つのが夢なんだ」って話をしていたから、それを覚えてくれていたのかなと。武道館の時と違って、ゲストで出ることは当日まで秘密だったから、ずっと黙っておくのはきつかったけど。

—ドーム公演の少し前から、オードリーのANNの放送内でふたりが、北野武監督の新作映画『首』の話をしていました。

ビト　ふたりとも昔から武さんの映画が好きだったからなぁ。だから、企画は『首』でって頼まれた時は、「もちろん受けてたってやる」って思ったよな。

—ちょんまげの髪、甲冑の衣装と、本格的な「秀吉」でした。

ビト　あれは番組側で用意してくれたんだよね。着物の下には長襦袢を着て、小手もしっかりつけたフル装備で。メイクも含めると2時間もかかったんだよ。当日のリハ終わりで若林と春日に見せに行きたかったんだけど、タイミングが合わなくて、それだけが残念だったなぁ。

—そしていざ客席に現れて『首』の一場面を披露したわけですが、いかがでしたか？

ビト　東京ドームのスポットライト、とんでもなくまぶしいのよ。一瞬、春日が照明やってんじゃねぇかって思ったくらい。（※1）

—最初、緊張されていましたよね？

ビト　バカヤロウ！（笑）　いやでもさ、やっぱり一言声を出すまではちょっと緊張するよね。

—でもビトさんの「あのふたり、どっちも危ないな」の一言に5万3千人が沸きました。

ビト　イヤモニしてたから歓声はよく聞こえなくて、でも聞こえていたらますます緊張してやばかったかもな。それにしても、キサラで前説をやってたふたりが東京ドームって舞台で変わらず漫才をやったあの姿には、グッとくるものがあったね。

—憧れだった「東京ドームに立つ」ことが叶ったわけですが、それについてはいかがですか？

ビト　いやいや、まだ叶ってないよ。立ったのは客席だもん。打ち上げで春日に「長生きして、また5年後もお願いします」って言われたからさ。20周年の時はステージで「浅草キッド」歌わせてもらうからな！

（※1）オードリーとビトはともに「そっくり館キサラ」の舞台に立っていたが、春日はアルバイトとしてビトに照明を当てることもあったという。

ビトタケシ
1963年2月17日、東京都生まれ。ビートたけしのものまね芸人として「そっくり館キサラ」で活動していたころ、オードリーと出会う。オードリーのANNのコーナー「死んでもやめんじゃねーぞ」は、ビトが芸人を辞めようとしていた若林にかけた言葉がもとになっている。

どんなにステージが大きくなろうと、ふたりは変わらない

INTERVIEW

ニッチロー

——ニッチローさんは以前にも東京ドームに立たれたことがあるんですよね？

ニッチロー　イチローさんのものまねをやらせていただいていることもあって、イベントで短時間ですが、何度か立ったことがあります。東京ドームの広さや迫力、特別で独特な雰囲気を体験していたので、「ラジオのイベントを東京ドームで」と聞いた時には、信じられない気持ちでした。いやもう、どうなるんだろう……って。でも同時に、同学年のスターが何をやってくれるんだろうってワクワクもして。

——キサラではオードリーとの共演はなかったんですよね。

ニッチロー　そうなんです。僕がキサラに出るようになった時には、オードリーさんはすでにテレビにたくさん出られていましたから。だからなおさら、オファーには驚きました。

——披露するネタはどうやって決まったのですか？

ニッチロー　「バッティングがスローになるところで」と番組側からご提案いただきました。若林さんがこの「スロー」がお好きみたいで。本番ではいつもより遅く、スローを強調したバージョンでやってみました（笑）。

——ニッチローさんのキャラクターと東京ドームの相性が良すぎて、客席も大いに沸いていました。

ニッチロー　イヤモニをしていたので音はまったく聞こえなかったのですが、その分、音楽にバッティングを合わせることに集中できた感じがありました。お客さんがあれだけいるのに静かでただただ音楽の中にいながらバットを振っている——。味わったことのない、本当に夢みたいな変な感覚でした。時間的には一瞬だったけど、あの瞬間だけは配信も含めて16万人が自分の芸を見てくれたわけで……。本当にありがたいですし、今思い出しても興奮してきます。

——本番中はどう過ごされていましたか？

ニッチロー　自分の出番が終わってからは、リスナーとして楽しんで見ていました。そう、本番直前、三塁側のベンチ裏で春日さん、TAIGAさん、ジョーさんと談笑していたのですが、いざ若林さん、春日さんが舞台に登場した時、ドーム全体が揺れたんですよね。まさに「スーパースター登場！」って感じで。「やばいことが始まるぞ」って思って、そしてあっという間に終わった感じでした。改めて振り返ると、喋りだけで5万人を引きつけられるって相当すごいですよね。静寂の中、ふたりの会話に一心に聞き入るお客さん。野球とも音楽イベントとも違う、新しい景色を見せてもらって……。もう、「やばい」か「すごい」しか感想が出ないですもん。

——「同学年」としてかなり刺激を受けられたのですね。

ニッチロー　お笑いの歴史に間違いなく大きな1ページを刻んだイベントで、本当に「トゥース」だったなぁ。僕はコンビではないしものまね芸だし、同じことはもちろんできませんが、自分もこれから、何か新しいことに挑戦したいですね。

ニッチロー
1978年9月23日、長野県生まれ。2011年からイチローのものまね芸人として活動を開始。オードリーとは「そっくり館キサラ」の出演時期は重なっていないが、オードリーがテレビなどで紹介するショーパブ芸人のひとりとして登場する機会は多い。

INTERVIEW

TAIGA

——東京ドームイベントが発表された時、どう思われましたか？

TAIGA　20代の、風呂なしアパートに住んで、金がないからキサラのまかないでお腹を満たしていた時代から知っているんで、ものすごいところに行ったなって。でも、東京国際フォーラム、武道館とどんどんデカくなっていくオードリーを見てきたんで、今のふたりならドームでやってもおかしくない。驚きがあったようななかったような……そんな気持ちでした。

——出演オファーについてはどうでしたか？

TAIGA　嬉しいのはもちろんなんですが、もっと大物を呼べるだろうって（笑）。まぁでも、超売れっ子になってもショーパブ時代の仲間を大事にしてくれる優しさも、ふたりの尊敬できる一面です。今は煌びやかだけど、当時のキサラにものまね芸ではなくお笑い芸人として出演するのは、周りの芸人からめちゃくちゃ蔑んで見られた上、酔ったお客さんからおしぼり投げられたり野次られたり……。普通のお笑いライブでの下積みとはまた違う、泥水をすするような経験を共有しているので、太くて深い絆をふたりも感じているのかもしれない。

——リハーサル中からグッときていたように見えました。

TAIGA　いま話していても泣きそうですもん（笑）。

——実際に披露したのも、当時のキサラで起きた「事件」でした。どういう経緯で決まったのですか？

TAIGA　（ダブルネームの）ジョーがキサラの出番で俺を紹介するのに、氣志團をDJ OZMAって間違えてアナウンスしたことに俺がブチ切れて、出番の後でジョーを製氷機に叩きつけちゃって……。それを再現してくださいって今回頼まれたんです。でも、オードリーのふたりがこの話をラジオでよく話していたのはだいぶ前だから、最近のリスナーはたぶん知らない。きょとんとされないかな大丈夫かなって、結構不安でした。

——確かに、客席でもわかっていない人もいる感じはしました。

TAIGA　半々くらいでしたよね。でもジョーとも事前に話したんだけど、これはスベるかどうかじゃない、あの事件を再現するだけなんだと。それによく考えると、20年前にジョーにムカついただけで東京ドームに立てたってことがそもそもすごいことだから（笑）。

——オードリーのふたりがこのエピソードが異常に好きということでもあるかと。イベントが終わってみていかがですか？

TAIGA　ほんの一コマだけど少しは貢献させてもらえたのかなという喜びと感動と……ずっと余韻に浸っています。お客さん目線、共演者としての目線、それに、昔を思い返して、あのふたりが東京ドームにいるんだという目線。瞬間瞬間でいろんな感情が湧きました。きっとふたりは今よりもっとデカくなっていくだろうって、その未来に期待とワクワクしか感じません。俺ももうちょっと、ふたりの背中が見えるくらいまでは、頑張りたいな。

TAIGA（たいが）
1975年11月20日、神奈川県生まれ。ピン芸人として活動し、2014年には『R-1ぐらんぷり（現・R-1グランプリ）』（フジテレビ）の決勝に進出した。

INTERVIEW

ジョー

——5年前の武道館は客席からご覧になったんですよね？

ジョー　TAIGAさんやビックスモールンのゴンさんと一緒に観ました。武道館に向かう途中、ものすごい行列に出くわして、「この人たちが全員オードリーを観に行くのか」って鳥肌たっちゃって。だから「次は東京ドーム」って言われても、全然驚かなかったです。

——では実際にオファーがあって、どうだったんでしょうか？

ジョー　普通に一人のリトルトゥースとして客席で観る気持ちでいたから……。プロジェクトがデカすぎて、俺なんかが入ったらマズいだろうって思いました。

——今回披露された「製氷機事件」は、武道館へつながった、全国ツアーの青森公演の幕間でも、TAIGAさんと一緒に再現された音声が流れました。

ジョー　そうそう、幕間のCMっぽい感じで。TAIGAさんの「てめえ、ふざけんなよ！」に、「すみません！」って俺が謝るくだりを声だけで撮って。だから今回はそれの実写版ってことですね。もともと実写だけど（笑）。

——事前に練習はしましたか？

ジョー　ふたりで合わせながら、当時の状況を詳しく思い出して、セリフを足したりもしました。俺なりに大変だったのは、最後のダンスですね。本番の何日か前に「もう少し尺をのばして」って急遽追加になったから。若（林）さんが、「ふたりとも『One Night Carnival』踊れるよね」ってことで。踊る時にマイクをどうするかとか含めて、ギリギリまでダンスの練習をしました。

——「お客さんの半分は、あのネタが何なのかわからなかったんじゃないか」とTAIGAさんはおっしゃっていました。

ジョー　出番前から、「シーンとなりそうだよな」ってTAIGAさんは不安がってました。「気にするのはやめましょう」って俺が言ったら、「お前、大谷翔平みたいな言い方するよな！」って。全然そんなつもりじゃなかったのに、直前にちょっと和んだりして。でもいいんです、俺らに任されたのは、あくまで「『事件』の再現」でしたから。正直、完璧な出来でしたよ（笑）。

——出番の後、公演を観られていかがでしたか？

ジョー　春日さんのむつみ荘で7人のお客さんの前でトークライブやっていたおふたりが東京ドームを埋めたわけですから、その振り幅は前人未到ですよね。トークもプロレスもDJも、めちゃくちゃ格好良くて、本当に楽しかったし、涙が止まらなくて。心が揺さぶられすぎて、疲れました（笑）。それにふたりは、間違いなく「漫才師」でした。舞台を動き回って、ふざけて、心底楽しそうで、それこそがオードリーの漫才の真骨頂だなって……。結局あのふたりって、キサラ時代からずっと変わらない。7人だろうが5万人だろうが同じなんです。ちょっと格好良すぎる気もするけど（笑）。

ジョー
1979年11月19日、東京都生まれ。2003年、カオルともものまねコンビ「ダブルネーム」を結成。2019年には『ものまね王座決定戦』（フジテレビ）で優勝。

おふたりは私にとって「希望」なんです

INTERVIEW

松本明子

――オードリーのANNが東京ドームでイベントをやる、と聞いた時の印象から教えてください。

松本　毎週欠かさず聴いている、完全にいちリスナーなので、びっくりしたやら嬉しいやらで。おふたりの人気からすれば何の驚きもないのですが、ラジオのイベントを東京ドームでやることそのものに、衝撃を受けちゃって。発表からの1年間は、指折り数えてカウントダウンしていく気分でした。でも、マネージャーと一緒に何度もチケットの抽選に申し込みましたが、全部ハズレ。ずっと焦ってました。

――そんななか、ご出演のオファーがあったのですね？

松本　5年前の武道館にも出演させていただきましたが、オファーは青天の霹靂で。でも、「これでドームに行ける！」とまずは喜んで（笑）。本当にありがたいことです。感謝感激！

――本番はいかがでしたか？

松本　スポットライトが当たった瞬間、会場にいた皆さんもこちらを見て、ワーーッと言ってくださって。ベンチのすぐ上の、アリーナに近い席だったから客席も近かったし、短い出番でしたが、一生忘れられない瞬間になりました。本番で使ったうちわをいただいて、いまも毎晩枕元に置いて寝ています。

――出番が終わられた後も、そのまま、あの席でご覧になったとか？

松本　やっぱり、リトルトゥースの皆さんと一緒に楽しみたかったので。「スタンドマイク、下からせり上がってきましたよ！」「最後漫才やるんですねー」なんて、隣のお兄さんとお喋りしたりもして（笑）。それにしても、何かあれば盛り上がるけど、おふたりやゲストの方が話すときはシーンとなって、一言も聞き逃さないように、耳を澄ませて集中する、リトルトゥースの方のお行儀の良さには感動しちゃいました。完成度の高い完璧な構成・演出も素晴らしかったですし。

――ラジオ独特の世界観が広がっていましたよね。

松本　リトルトゥースの皆さんが、ただの「お客さん」というより、「このドームの一日を絶対に大成功させるんだ」って心意気で、公演を一緒に作り上げている空気にも鳥肌が立ちましたよー。3時間半が本当にあっという間で楽しかった！　番組で長年共演して以来、オードリーさんのことは同志であり、弟のようでもあり、家族のように感じていますし、何なら、おふたりは私にとって「希望」なんです。なんて、ちょっと重いか（笑）。これからもずっと、日大の中高時代のたわいもない会話を、いちリトルトゥースとして聴き続けていきたいなぁ。あ、でも、オードリーのANNは、リアルタイムとタイムフリーで毎回3回は聴き直したいんですが、タイムフリーの時間制限でそれは叶わなくて……。それがいまの一番の悩みです。

松本明子（まつもと・あきこ）
1966年4月8日、香川県生まれ。1982年、『スター誕生！』（日本テレビ）チャンピオン大会に合格し、1983年に「♂×♀×Kiss」でアイドル歌手としてデビュー。以降、バラエティ番組を中心に活躍を続けている。オードリーとは『ヒルナンデス！』（日本テレビ）で長らく共演していた。

本物の伝説の一日に出会えたんだなぁって思う

INTERVIEW

フワちゃん

―今回のゲスト出演で、東京ドームのステージに立った感慨深さなどはありましたか？

フワ　何よりも、やっぱり大好きなオードリーの晴れ舞台に一緒に立たせてもらえたことが、親友として一番嬉しかったな！

―いざ入場して、5万3千人のお客さんから声援を受けたときはどんな気分でしたか？

フワ　そりゃあ今まで生きてて一番興奮したね！　へっ！　リトルトゥースのみんなの応援が聞こえて、嬉しくてついついカッコつけちゃった。レスラーは入場でカッコつけてなんぼだからね。若林さんが褒めてくれた！

―いざ試合が始まると、男性の春日さんを相手にするのは大変だったと思います。

フワ　ただの男性ならまだよかったよ！　よりによって春日！　強えわ痛えわ、大変だったよぉ!!　でも味玉を付けさせてもらえないクミさんはもっと痛いはずだからね、味玉のためなら痛みも感じなかったよ！　お客さんみんなの春日へのブーイングも最高。春日vs.5万3千人のつもりで戦いました。ざまぁみやがれ！　アパー！

―中でも「これは決まった」と思う場面は？

フワ　やっぱりトップロープから場外へのプランチャは、ブリブリに決まったね!!　体格差がある春日にダメージを与えるにはあれぐらい重力を使った技が必要で、絶対に決めたかったからね！　これも若林さんが褒めてくれた！　褒めすぎ、かわいい赤ちゃん。

―春日さんを投げ飛ばしていましたね。

フワ　ブレーンバスター！　ね!!　90キロの春日を投げ飛ばしたのは、プロレスラーとしても自信になったよ！　嬉しすぎて、家帰ってからもブレーンバスターのところ何回も見返しちゃった（笑）。

―春日さんもかなり仕上がっていましたね。

フワ　それ！　やっぱりあいつぁ化け物だね！　初めての試合で、あそこまでやるなんて誰が思うかよ！　何よりも、新人選手で、あそこまで華とスター性とかある人ってマジで今までいなかったんじゃないかな？　悔しいけど、リングではゾクゾクしちゃったね！

―クミさんの援護はどうでしたか？

フワ　クミさんがエアコンのリモコンで春日をぶっ壊して、会場のエアコンも「静か」から「強」に変えてくれたので、あそこで「勝てる！」って思っちゃったよ！　心強かったね！

―結果としては残念でしたが、東京ドームライブはどんな思い出になっていますか？

フワ　夢みたいだった。時間が経ってもみんなの余熱がまだまだ続いてて、本物の伝説の一日に出会えたんだなぁって思うよ。こうして後夜祭があったりさ、前後のワクワクも含めると、もはや1dayじゃないよね！　個人的には、あれだけたくさんのファンが集まってもなお、しっかりクローズドの空間だったのが、嬉しかったな。東京ドームが、はぐれもの達の秘密基地になったね！

―わかります（笑）。当日は遅くまで打ち上げしていたとか？

フワ　結局、春日と数人で朝の4時ぐらいまでダラダラ飲んでたよ。寝たらこの余韻が終わっちゃう気がして、あんまり寝たくなかったんだよね！　水道橋で飲んでたからさ、外からリトルトゥースの打ち上げの声もいつまでも聞こえてきてた。みんなもこの余韻がいつまでも続けばいいなって思ってたんだと思うよ！　春日も嬉しそうであたしも嬉しかった！　へへへへー。

「ROAD TO 東京ドーム」年表 2023-2024

2023

【第680回】2月11日放送

●春日の誕生日プレゼントとして、ふたりにとって懐かしのアイテムを探した若林は、G-SHOCKの「イルカ・クジラモデル」や太いヘアバンドを思い出しつつ、Tシャツ、埼玉西武ライオンズの旧ロゴキャップをプレゼント。春日「なっちぃ～‼」。

●ヘアバンドは「グッズで作る」と言う若林。春日「リストバンドよりキツいね～」。若林は**「『リトルトゥース』を直筆で書いて、ヘアバンドに刺繍します」**と提案。春日「ダサそう～」。

【第685回】3月18日放送

●**東京ドームからの生放送で東京ドームライブの開催を発表**。目隠しされて東京ドームに連れてこられた春日は、大型ビジョンに映し出された「2024年2月18日　オードリーのオールナイトニッポンin東京ドーム　開催決定」の文字を見て、リスナーと同時に東京ドームライブの開催を知る。ドーム側にヤバいリトルトゥースがいたことから、話が進んだらしい。

●4万5千人の客席を埋められるのかビビりながらも、フィールドに降りると野球好きのふたりは大興奮。「野球やりてぇ～！」とはしゃぐ春日、ドームのリアリティに不安を募らせる若林。

●開催を迷っていたころ、「それを作れば、みんながきっとやってくる」と映画『フィールド・オブ・ドリームス』のセリフが聞こえてきたという若林が、「奥にトウモロコシ畑作るかもしれない」と言うと、春日は「そうなったらセンターに扉作ってさ、メガネかけて私出てくるよ」と映画『メジャーリーグ』オマージュを熱望。

●若林が、春日VS.内藤哲也のプロレスマッチを提案すると、「1年でプロレスなんか無理」といなす春日。

●若林は、**リトルトゥースとともにこれから1年、必死になって東京ドームを目指す**と宣言した。

【第686回】3月25日放送

●東京ドームからの放送を振り返り、「野球が中心にあると春日としゃべれる」という若林は、春日を西武対阪神のセ・パ交流戦に誘う。

●**ドームライブに向けての体力作りとして、自転車通勤することに決めた若林**。店員さんがリトルトゥースだった自転車屋で、ラスタカラーにカスタムした本格的な自転車を購入。ギアの数で岡田マネージャーともめたが、鍛えるために乗るのでギアは1速のみに。アクセサリーなども合わせると30万円ほどしたが、「カリスマだから」と動揺を見せずに支払いを済ませた。

【第687回】4月1日放送

●東京ドームライブの宣伝方法案がリスナーから集まる。フードの充実をはかるため、番組ゆかりのメニューとして「長楽」の味を再現するという提案があり、再現方法を模索するオードリー。

●エンディングで、リスナーからライブ告知ステッカーの要望が届く。

【第688回】4月8日放送

●ドームライブまでの若林を追うYouTube「オードリー若林の東京ドームへの道」がスタートしたが、若林はスタッフが若林名義でXにポストしたことを早速叱責。

●若林がラスタカラーの自転車が納品されたことを報告。お台場にあるフジテレビの湾岸スタジオまで自転車で行ってみた際の苦労を語った。

●春日は、買い物帰りに寄ったラーメン屋で味玉を頼もうとしたクミさんに**「味玉は嗜好品、タバコと一緒。なくても生きていける」と難色を示した「味玉事件」**を明かす。その日は買い物でクミさんともめたことで折れた春日だったが、「味玉は嗜好品」という主張を曲げることはなかった。

【第689回】4月15日放送

●東京ドームライブに関連した話題をお届けするコーナー「Road to 東京ドーム」スタート。早速宣伝ステッカーのデザインが完成したと報告した。

●若林はBLACKPINKのライブ、プロ野球の巨人対阪神戦など、頻繁に東京ドームに足を運んでいるという。

【第690回】4月22日放送

●ステッカーが完成。オードリーも自ら配るという。

●スペシャルウィークのゲストとして、東京ドームライブの先輩であるTRFのDJ KOOとSAMが登場。SAMからはドームライブの心得を学ぶことができたが、DJ KOOのドームの印象は**「野球やるところだな～」**などで、全然参考にならない。SAMのスニーカーを盗んだ過去があるなど、**「盗っ人コウイチ」**ことDJ KOOのヤバさが際立つばかりだった。

【第691回】4月29日放送

●東京ドームステッカーが東京ドームシティ、ニッポン放送、HMVなどで配布されることが決まる。

●春日はクミさんと一緒にフワちゃんのプロレスの試合を観戦し、感動の涙を流したらしい。

【第693回】5月13日放送

●東京ドームライブの宣伝として、「巨大ポスター（広告看板）を貼らせてくれるリトルトゥースがいないかな」と言う若林。

●ステッカーが4万5千枚はけたので、宣伝Tシャツの制作を進めている。**ロゴは、若林直筆の「リトルトゥース」**。ヘアバンドの制作も決まる。

●若林、劇場版の『名探偵コナン』は毎回基本情報の説明が入ることに感心する。

【第694回】5月20日放送

●東京ドームライブの広告看板候補として、千葉県の果樹農園で働くリスナーが手を挙げる。

●若林はドームライブに向けてお笑いライブにも足を運ぶようになる。

【第695回】5月27日放送

●東京ドームライブ宣伝Tシャツとヘアバンドが完成。Tシャツは3万枚完売を目指す。

【第696回】6月3日放送

●放送開始と同時に東京ドームライブ宣伝グッズが発売されると、HMVのサーバーがダウン。

●千葉県の果樹農園の広告看板を使わせてもらえることが決まり、印刷は同級生の谷口の会社「MIC」にお願いすることに。しかし、ステッカーが転売されているらしく、**憤怒する若林「こんなヤツの命の回転の仕方で絶対に幸せになれないから。未来永劫。お疲れしたぁ‼」**。転売対策としてステッカーがダウンロードできるようになる。

●オードリーふたりでのセ・パ交流戦観戦が実現。ベルーナドームで西武対阪神戦を観ていた若林のもとに春日が遅れて合流したが、ロケでビールを飲んできた春日は終始ご機嫌だったという。

【第698回】6月17日放送

●スペシャルウィークに谷口の会社であるMICの研修ルームから生

放送。自称「会社のナンバー3」である谷口が、チーム付け焼き刃との打ち合わせをすっぽかした件が問題になったが、広告看板用の巨大ポスターは上出来。MICの会長室など社内にポスターを貼らせてもらったり、付け焼き刃ののぼりをMICで印刷してもらってドームのまわりに掲げる案を検討したりした。

●看板を貸してくれる「ヤマニ果樹農園」のヤヘイさんとも電話し、**88歳になるヤヘイさんのおばあちゃんもリトルトゥース**であることが判明する。

【第700回】 7月1日放送

●700回を東京ドーム柄のケーキでお祝い。

●ヤマニ果樹農園の広告看板がお披露目され、さらに期間限定で東京ドームにも巨大看板が設置された。

●若林は音響チェックも兼ねてナイツの土屋伸之とドームで行われた巨人対阪神戦を観戦。阪神が逆転サヨナラホームランで敗れ、巨人ファンに煽られる若林。音響チェックをしたかったのに、**ムカつきすぎてヒーローインタビューを聞かずに帰った。**

【第701回】 7月15日放送

●ラゾーナ川崎のHMVに、フォトスポットにもなる巨大看板が設置される。7月29日には、東京ドームシティのラクーアガーデンステージに宣伝グッズの販売ブースが設置されるという。

【第702回】 7月22日放送

●チーム付け焼き刃の誰がつけてもしっくりこなかったラスタカラーのヘアバンドだが、芸人界のファッションリーダーである四千頭身の都築拓紀、コットンの西村真二からは好評らしい。

【第703回】 7月29日放送

●自転車で東京ドームの看板を見に行った若林。写真撮影を頼まれすぎて面倒になってきた若林は、「こないだのスペシャルウィーク何やった?」と聞いて答えられたリスナーとだけ撮ることにしたが、宣伝Tシャツを着ているリスナーすら答えられない。みんな通常回が好きらしい。**春日「スペシャルウィークとはなんぞや?」**。

【第704回】 8月5日放送

●東京ドームライブの資料を見るにも字が細かすぎて難儀していた若林、老眼鏡を購入。ただし、あくまで老眼ではなく疲れ目とのこと。

【第705回】 8月12日放送

●「東京ドームライブで最後にちゃんと挨拶ができるのか」が議題に。Mrs. GREEN APPLEの曲をバックに春日が挨拶を練習するが、どうにも感謝が感じられない。

●ライブの公式グッズを検討。フラッグ? 老眼鏡? エビアンホルダー? 1990年代、なぜかエビアンをホルダーに入れてぶらさげるのがおしゃれとされていた。

【第706回】 8月19日放送

●むつみ荘生活によって暑さに耐性がある春日と、普通に暑さを感じるクミさんによる「エアコンつける/つけない」の無言の争いがあるという話題に。

●東京ドーム内の一塁側、エキサイトシート近くの内野フェンスにライブの広告が掲出されることが決まる。

●北海道の帯広で仕事があったと語る若林。のちにこれが、トウモロコシ畑でのライブのオープニング映像の撮影だったことが明かされる。

【第707回】 8月26日放送

●リトルトゥースの「LT」をロゴにあしらったクラシックな野球のユニフォームを着ている若林。スタイリストの福田のアニキが作ってくれたもの。背番号をつけるとしたら何番がいいか考える。

●チケット情報が公開される。最速先行予約の告知も。むつみ荘でやったライブ「小声トーク」では10人で定員割れしていたオードリーが東京ドームでライブをやることに感慨深くなるふたり。若林「**俺たち、すごくないか!?**」。春日「**すごいな、確かに。もう一回抑えなおしたほうがいいね**」。

●ライブ公式グッズの案がリスナーから届く。サンバイザー、スノードーム、提灯、自分のお墓に現金を詰め込みたい春日にちなんだお墓型の貯金箱、ラスタカラーのベルトなど。スノードームに乗り気な若林。

【第708回】 9月2日放送

●DREAMS COME TRUEの東京ドームライブを観に行った若林、動員規模や演出に圧倒される。

●スペシャルウィークのゲストとして星野源が登場。5大ドームツアーを経験している星野に、東京ドームライブでの緊張や疲労、パフォーマンスについて尋ねる。ライブ後、帰宅したときの気持ちについて、星野「どんなに人前に出ても人間ってひとりなんだな」「(みんなから)力をもらう。一生忘れない光景。そこでしか得られない喜びが絶対にある。それをひとりで胸におさめて生活する」。

●CM明け、いきなりライブの主題歌を星野に依頼する春日。**「雑なオファーは断ります」**と即答する星野。実はすでにオファーは進んでいたのだが、春日のせいで破談になるところだった。

【第709回】 9月9日放送

●東京ドームライブのプレッシャーが日に日に強くなっていく若林は、久々にIQOSを吸ってしまう。「大丈夫」と言ってくれるのは、パンサーの向井慧だけ。**若林「プレッシャーえげつない。なんでこんなこと始めちゃったんだろうって思う。みんな助けてくれ! マジで頼むわ!!」**。リスナーからの「ドーム行きますメール」を読んで、ようやく元気が出てくる。

●宣伝Tシャツを着ていないときでもリトルトゥース同士の連帯感が高められるよう、ハンドサインを決めようと言う若林。ユニフォームの「LT」のロゴをサインにして、コソッと見せ合うとか。

【第710回】 9月16日放送

●巨人対ロッテ戦で東京ドームの大型ビジョンに東京ドームライブの広告が放映されることが決まる。大型看板も再び登場する。さらに、ライブ告知用のアドトラックが東京都内を走ることに。

【第711回】 9月23日放送

●東京ドームライブのチケット申し込みが開始され、初日からたくさんの応募があったことに**上機嫌の若林「リトルトゥース、お前ら最高だな!」**。

●若林が「たるんでる」と言ってしまったせいか、みんな宣伝Tシャツを着てくれている。「ニッポン放送の社長もたるんでる」と言ったことで、社長もTシャツを着て挨拶に来てくれた。

●「みなさんの気持ちが胸に響いてる」と語った若林だが、生返事する春日に**「お前はどう過ごしてたんだ? 当日二軍に落とすぞ!」**。春日は春日で4万5千人が集まるか気になっていたらしい。

●ヤマニ果樹農園まで自転車で行った若林、めちゃくちゃ目立つ場所に看板があった。出迎えてくれたヤヘイさんの案内で農園に行くと、従業員もみんなTシャツを着ていて、おばあちゃんもTシャツとヘアバンドを身につけてくれていた。リトルトゥースがたくさん訪れ、アルバイトにもたくさんの応募があったとのこと。

●若林の誕生日に、春日はラスタカラーにカスタムしたナイキのエアフォース1をプレゼント。箱には「NIKE BYクミ」とあった。

【第712回】 9月30日放送

●若林が着ているユニフォームをグッズ化する話になり、背番号を考える。若林が「1」、「ネタ受け取り師」の春日が「2」、リトルトゥースは「耳」にちなんで「3」でいこうということに。

●**東京ドームライブのアドトラックを銀座まで見に行った若林が、クミさんと遭遇。**グイグイくるクミさんの話を聞いていたら、「春日がまた春日事件のころに戻っている気がする」という告発を受ける。

【第713回】 10月7日放送

●先週に引き続きユニフォームの背番号問題。春日を「1」にすることは、チーム付け焼き刃、特に舟崎Dが大反対しているらしい。サトミツは「31032」、若林のために毎週助六寿司を買いに行っているAD落合は「6」など、それぞれの背番号を考える。

●東京ドームライブチケット先行発売の当落選についてリスナーから報告があり、タイから参戦するというリスナーからもメールが届く。

【第715回】 10月21日放送

●東京ドームライブのチケット2次先行の受付がスタート。

●スペシャルウィークのゲストにクミさんが登場。東京ドームライブを前に「春日の気持ちをもう一度引き締めようSP」と題し、春日の問題点をクミさんに指摘してもらう。石澤マネージャーからも「スタッフにお礼を言わない」など切実な訴えが多数寄せられた。お礼の件などは努力するとしながらも、**エアコン問題と味玉問題については譲らない春日。**

【第716回】 10月28日放送

●ユニフォームの背番号について、スタッフからいろいろ要望があがっている。青銅さんは「0」で決まり。

●東京ドームライブに向けてビックスモールンと筋トレに励んでいる若林。ベンチプレスで目標の80キロに挑んで失敗した動画をインスタグラムに載せようとしたときに、岡田マネージャーに何キロくらい上げられるのか聞いてみたら、**「若林さんで75キロなんですよね？　じゃあ、70ぐらいですかね」**と回答。そこで、実際に70キロ上げるところをYouTube用に撮影させてもらうことに。

【第717回】 11月4日放送

●東京ドームライブ公式グッズについて。おじさんたちは何がおしゃれなのかわからないので、石澤マネージャーや舟崎Dのセンスに頼っている。名前入りのタオルも制作予定。

【第718回】 11月11日放送

●岡田マネージャーのユニフォームの背番号が「45」になる。実際にベンチプレスで上げられたのが45キロだから。

●東京ドームライブのチケット3次先行の受付がスタート。

●女性スタッフのセンスに頼りっきりの東京ドームライブ公式グッズだが、スタジャンだけは別。おじさんたちが集まってあれこれ意見した。

●体作りに勤しむ若林、パーソナルトレーナーに食事の指導を受けるが、なかなか痩せない。おそらく、収録の合間に糖分を摂取したくて和菓子を食べているから。食事制限の中の唯一の楽しみが味噌汁で、いろいろな具を試している。

【第719回】 11月18日放送

●東京ドームライブ公式グッズ公開。オードリーふたりの名前入りタオルはラスタカラーだが、スタッフのタオルは各々のこだわりを反映したカラーに。チェ・ひろしはモザイク柄。

●ドームライブ用のオーダースーツを作りに行き、担当についてくれた**「アラカワちゃん」**に惹かれる若林。品が良くて受け答えの間も良く、「鬼瓦級でございます」といったワードをちょいちょいぶっこんでくる憎めないキャラクターらしい。

【第720回】 11月25日放送

●東京ドームライブのチケット4次先行の受付がスタート。注釈付きアリーナ席、注釈付きスタンド席（座席位置や機材の関係でステージが見えにくい可能性のある席）も開放。

●ドームライブに向けて、過換気症候群への対策を考える若林。心拍数が上がった状態に慣れるため、絶叫マシンに乗ったりしている。心拍数の上下を数値で認識することで緊張に慣れることもあると聞き、YouTubeで怪談を聴いてみたが思ったより心拍数が上がらない。結局、ドームを経験することが一番っぽい。

●ティモンディの高岸宏行に「誰でも球速150キロ出せる」と聞いた春日は、高岸に投球指導を受ける。練習の結果、75キロぐらいしか出なかったのが130・8キロを記録したらしい。

【第721回】 12月2日放送

●北野武監督の映画『首』を観に行った若林。劇中のセリフをビトタケシに言ってほしくて電話する。電話するなりビートたけし演じる羽柴秀吉のセリフを乱発するビト。「オードリーのふたりってどうですか？」という振りにも、**「あのふたり、どっちも危ないな」**というセリフで返してもらって大満足。

●春日の球速130キロについて、現場にいた水口Dから疑問の声があがっているらしい。

●東京ドームライブのライブビューイング実施が決定。

●**星野源による東京ドームライブの主題歌「おともだち」を初公開。**サトミツ号泣。

●番組15周年を記念して、リアル脱出ゲーム「春日に支配された東京ドームシティからの脱出」と「オードリーのオールナイトニッポン15周年展」の開催が決定。

【第722回】 12月9日放送

●東京ドームライブの一般チケットとステージ裏体感席が発売され、完売。ステージ裏まで開放したことで、入場者数が4万5千人から5万人に増える。ライブビューイングは映画館200館で展開され、2千人キャパのLINE CUBE SHIBUYAでも開催されることに。

●春日、自動車を購入。資産価値が下がらないことが決め手となりベンツのGクラス（ゲレンデヴァーゲン）にしたが、振込手数料などを節約するため現金一括購入に。銀行でおろした札束をグレゴリーのリュックに詰め込んで支払いに行く。あまりに高額すぎて、**「怖いから全然乗ってない」**らしい。

【第723回】 12月16日放送

●スペシャルウィークとして、野球熱が高まっているオードリーがティモンディと野球を楽しむ「ドリームベースボールSP」を開催。ダブルプレーなどの夢のプレーに挑戦した。春日の疑惑の球速も検証した結果、**最速でも87キロだった。**

【第724回】 12月23日放送

●「オードリーのオールナイトニッポン15周年展」が東京ドームシティに加えて、大阪、名古屋、福岡での開催も決定。

2024

【第725回】 1月6日放送

●ベンツを土足禁止にしているという春日に、若林「**ベンツにおしっこさせてくれない？**　それをやらせてくれたら、7泊8日でハワイに行ったくらいリフレッシュされるから。だからお願い」。

●オーダースーツが完成し、アラカワちゃんとの再会に心を躍らせながら受け取りに行った若林。スーツの出来にも大満足。帰り際、アラカワちゃんが感謝の手紙を読んでくれた。感動的な内容だったが、最後に**「空想株式会社鬼瓦　常務取締役アラカワヨウジ」**という謎の肩書きが。若林「それさえなければねえ〜」。

【第726回】1月13日放送

●東京ドームライブのオンライン生配信、会場チケットの追加販売が決定。

【第727回】1月20日放送

●春日がようやく『首』を観に行ったので、再びビトタケシに電話。

●ライブビューイングだとみんな遠慮しちゃって盛り上がれない問題について。春日「『恥ずかしがるな』としか言えないよね」。東京ドームライブでは、みんなグッズ着て盛り上がってほしい。

【第728回】1月27日放送

●東京ドームライブのライブビューイングの予約状況について。春日のお膝元・所沢などはかなり埋まっているが、**大阪の岸和田では人気がない**。大阪にオードリーがハマらないのはわかるが、中京テレビで『オドぜひ（オードリーさん、ぜひ会ってほしい人がいるんです。）』をやってるのに、名古屋も芳しくない。サトミツのお膝元・町田、青銅さんの地元・山口も少ない。**一番少ないのは愛媛の今治**。愛媛はケイダッシュステージの社長の地元なのに。

【第729回】2月3日放送

●いよいよ本番まで2週間。仕事場でも「そろそろですね」と声をかけられる春日。ありがたいが、ドキドキしてしまう。若林はそういった声はかけられない。

●東京ドームライブの開演前に「サトミツ・青銅のオール前座ニッポン」が会場内で放送されることが決まる。

●ライブを控えていることもあり、寝室を追放され自宅の作業部屋でひとりで寝ている若林。ライブのプレッシャーからか疲れからか、夜中に部屋で立ちションするという**「マイルーム小便」**をしてしまう。翌日から、枕元に赤ちゃん用のお風呂をおまる代わりに置いて眠るようになった。

【第730回】2月10日放送

●翌週の放送は東京ドームライブ前日。スタッフの顔がヤバいことになっているので、収録に決まった。**春日的には、生放送でお届けしつつライブについていっさい触れないのがカッコいいと思っている。**

●ライブスタッフの中でも、APを務める川原の顔が特にヤバい。各所に頭を下げまくっているせいか**「謝り顔」**が染み付いてしまっている。そんな**「カワハラ状態」**にもかかわらずタオルも発売されない川原をライブで見かけたら、みんな声をかけてあげてほしい。

●春日の誕生日に、若林はマクドナルド仕様のクロックスをプレゼント。マクドナルドのCMに出演したし、ラスタカラーっぽくもあったから。春日も大喜び。

【第731回】2月17日放送

●放送は東京ドームライブ前日。若林はライブ中のトイレが心配。ステージから遠いらしい。サトミツに災害用のトイレをステージ下に設置してもらおうか。**若林「でも楽しみですね、ようやくこの日が来ましたよね」。春日「そうだよね。どうなるか」**。

●ライブ当日はオードリーおよび名前入りタオルを出したスタッフののぼりがドーム周辺に設置される。若林がBLACKPINKのライブでメンバーののぼりを見てインスパイアされたという。

●東京ドームライブの経験者によると、特別なことはしないほうがいいらしい。春日は時間が空いたらすぐプロスピ（スマホゲームの「プロ野球スピリッツA」）。若林はLINEミュージックで音楽を聴いている。**個人再生ランキング1位は「アンパンマンのマーチ」**。

●川原が相変わらず「カワハラ状態」で心配。「あれどうなってんだ？」とつめることを「カワハラ」っていうらしい。ライブのあとは15周年展に追われる川原。大きなイベントが終わっても大きな仕事が続くことも「カワハラ」っていうらしい。ライブが終了したら、1本だけ川原ののぼりを立ててあげたい。

●東京ドームライブの記念Tシャツの発売が決定。「Thanks」のメッセージはオードリーっぽくない。春日語の「ありがたまききんきんたま」を絵文字にするか、発展させた「きんたま」をマークにするか。「金色の玉」ならオッケーかも。

●「Road to 東京ドーム」も最終回。「オードリーのオールナイトニッポン15周年展」がスタート。

●当日の開演前、一番カッコいいムーブは何か。若林「開演2時間前に『ラクーアの銀だこ行ってくるわ』は?」。逆にダサいかも。春日は入場してから動線を知らないフリして「ああ、こっちか」とか言いそう。**春日「んだよぉ〜、つぶすなって。もうできないよ、言っちゃったらさ」**。ともかく明日はオードリーデー。**若林「みなさん、朝起きてからずっとオードリーでいきましょう！」**。

【第732回】2月24日放送

●**日曜、東京ドームライブが無事に終了**。5万3千人が集まった。

●ライブの反響。いろんな人がラジオで触れてくれたが、みんな強めのエピソードを一発挟んでから話していた。

●宇宙飛行士の野口聡一さんが観に来てくれたが、間違ってケイダッシュステージの社員席に案内されていた。ケイダッシュステージの社長は朝の10時からリハーサルを見に来て、「これな、普通じゃないんだよな」と言っていた。

●かつて星野源も長楽に行っていたという衝撃。**若林「売れてなかったんだな〜と思ったもん、あそこに星野源がいるって。親近感、バチバチに上がっちゃうよな」**。

●まだ熱は冷めないのでグッズも着たいけれど、ふたりともライブ翌日からグッズは何かの下に着るようになった。でも堂々と着て、まだまだ**余韻に浸っていい**と思う。スタッフも熱が冷めずにさまよっている。

●**前泊した東京ドームホテルで、若林だけ東京ドームが見えない外堀通り側の部屋だったことが問題になる。**

●春日はライブ当日に東京ドームホテルに泊まり、翌日朝食を食べていたら、リトルトゥースの女性に声をかけられた。女性が号泣し、そのお母さんも号泣。若林「泣くとこまで長げーな！」。プロレスの入場を見て**「スターとコンビを組ませてもらったんだな」**と思ったのに、そんなヤツの話し方とは思えない。春日「平常運転に戻ったということで」。**これをもってドームの余韻、終了。**

●**リハーサルで春日とサトミツがもめていた事件**について、調停を執り行う若林。入場で、チャーリー・シーンオマージュのままスタスタ歩きたい春日と、「春日」としてゆっくり歩いてほしいサトミツ。一度は了承したのに、当日のリハでも春日が早歩きをしたので、サトミツが詰め寄ったという。ふたりの言い分を聞いた若林**「まあいいじゃない」**。

●終演後、テンションが上がっていろいろ記憶がはっきりしない**若林、星野源やフワちゃんと記念写真を撮ったときに春日と肩を組んだり、楽屋に戻る際に春日とグータッチしようとしたりしていた**。グータッチの拳を出してから「気持ち悪い！」と思い、そのまま楽屋に吸い込まれていったそう。若林「拳と足が別人格になった」。

●岡田マネージャーが漫才の登場シーンを後ろから撮っていたので若林がチェックすると、**春日の歩き方がプロレスを引きずって大仁田厚になっている**。動画を確認した春日「大仁田じゃねーか！」。

●ライブ中、お客さんの集中力、耳の力をすごく感じていたという若林。漫才を始めた瞬間も「全然普通にやれる」と感じた。**東京ドームライブはオードリーだけがやったのではなく、みんなでやったと思っている**。「俺たちやったな、最高だな！」って100の気持ちで思えた。

に、春日が東京ドームライブを振り返る。

INTERVIEW

春日俊彰

Q 東京ドームライブが決まってから、どんなことを意識されていましたか？

春日　夏ぐらいかな、長楽の兄ちゃんに会いに行ったときに、水口Dに一応V（VTR）を回してもらったりはしてましたね。最初はお世話になった人にステッカーを渡しに行こうってだけで。「はやしや」（※1）の店長ハヤシとかね。あとは、むつみに住んでた柴田さんっておじいさん。大家さんに聞いた電話番号に電話してもつながらなかったんですけど。まあ、トークになりそうなことも夏ぐらいからやったりしてましたね。金髪にするとか。ほかにもいろいろ案はあったんだよな。インド映画の『RRR』のあのダンス。

――「ナートゥダンス」ですか？

春日　そう、あれをドームまでに完璧にマスターして踊るとか。ただ、映画を観てからだいぶ時間が経っちゃうから、ちょっと熱がね。私ができることってそれぐらいしかなかったというか、内容を知らなかったんで。だから、おそらくあるであろう自分のトークゾーンを見越して、ちょっとやりたいことやってみるか、ぐらいの感じでしたね。何もしないでドームを迎えるのはちょっと怖かったから。あと、ベストにドームの刺繍をしてもらったのも夏ぐらいですかね。大きさをいやらしくない程度にして。あんまり大きいと、ロケやってる人とかV観てる人がイジらなきゃいけなくなっちゃうから。

――あ、ライブの前からドームベストを着てたんですね!?

春日　お気づきにならなかったですか。9月ぐらいからか、まず自分たちの番組のロケで着始めて。ちょっとずつ大胆になって、だんだんデカい番組とかでも着て、途中からドームベストだけ着るようになりました。まあ、イジられることもなかったんで。うん、だから常に「ドームでやるんだよなぁ」っていうのはありましたよね。

Q 東京ドームライブでは、いつもと違って意見を出されたそうですが、なぜそのような気持ちになったのでしょうか。

春日　うーん、何か細かく「ああしてくれ」みたいなことはなかったんで、入場にしても行き違いがあったというか。いろいろ人を介してるから、何がズレたのかわからないですけど、私は自由にやっていいと捉えてたからチャーリー・シーンでいっただけで。そしたら、佐藤ミツに「頑固ジジイみたいになってる」って言われて、「え？」って。

――プロレスでは、春日さんもだいぶ意見されていたとか。

春日　やってるうちに大仁田さんのムーブとか、中学のころ観ていたプロレスのイメージがいろいろ思い出されてきたんで、それは言いました。（担当が）水Dなんで言いやすいから。あの男も私と同じ時期に一番プロレスを観てましたし。それに日本武道館のときよりも投げられてる部分が多かったんですよね。武道館のときは自分のトーク以外何もしてないもんな。だから、積極的に口を出したわけじゃなくて、投げられた。それ以外のところでは何も言ってないし、何も思い浮かばないし（笑）。

Q 入場シーンでスターオーラをまとった春日さんを見て感情が爆発しそうになったのですが、春日さんはどんな気持ちでしたか？

春日　まず、「佐藤ミツの言った通りだな」って（笑）。「あぶねーー!! 言うこと聞いといてよかった～」っていう感じでしたね。

――緊張とかはなかったんですか？

春日　ジョーとTAIGAさんとニッチローに送り出してもらったときに、ずっとしゃべってたんだよなぁ。もう確認することが多すぎて、脳が考えることをやめたというか、逃げたというか。長いライブだから、頭から確認してたらわけわかんなくなっちゃう。それで、逆に何も考えないでいこう、みたいに脳が働いたのかもしれない。

――客席を眺めたときの気分は？

春日　グラウンドまで席があったんで、もっと圧倒されるかと思ったら、テンション的には程よかったですね。ちょっと他人事というか。「野球するところだな～」って思ってたDJ KOOさんほどじゃないけど（笑）。

――お客さんの表情や反応はどうでしたか？

春日　「ついにこの日が来た」みたいな感じの雰囲気と表情だったような気がします。なんか楽しみにしてる感じで、波長が合うというか、私と同じくらいのテンションだったんじゃないかな。お笑いライブというよりもヘス（フェス）みたいな。まあヘスに行ったことないからわかんないですけど、お客さんも楽しもうとしてるし、こっちもそうだし、みんなで作る感じはしましたね。だからかもしれない、圧倒されるようなプレッシャーを感じなかったのは。「もてなそう」とか「来てくれたからには楽しんでもらわないと」っていう感じでもなかったかな。

――いわゆるホーム感があった。

春日　ホームでしたね。5万3千人いてもやりづらくない。裏にいたときから「待ちに待ったこの日が、このライブが始まったぞ」みたいな盛り上がりは感じてたんで、大丈夫だと思ったのかもしんないです。ただ、ステージに上がったときにあれをつけ忘れてたんだよな、イヤモニ。

――えっ!?

春日　耳に合うようにだいぶ前から作って、本番までに慣れるように、何ヶ月か前からラジオもイヤモニでやってたんですよ。それをつけ忘れてて、最初、若林さんが何言ってるかよく聞こえなかった。「ラジオモンスターです」みたいなこと言ってワーッてなっても、なんで盛り上がってんのかわかんなくて。イヤモニつけてないことにも気づいてないんですよ。しばらくしてから「ヤバい！」って。だから、なんかさんざん言ってましたけど、たぶんしっかり緊張してたんですな。

Q 若林さんはプロレスでの春日さんをスターだと思ったとおっしゃっていましたが、春日さんはDJや星野さんとのコラボをした若林さんを見てどう思われましたか？

春日　なんていうか、ミュージシャンの惹きつけ方でしたね。カリスマとか歌姫が、第一声で何万人の観客の目を釘付けにするみたいな。私はワーッと出てきて「トゥース！」みたいなことはできるんですけど、ああいう抑えた惹きつけ方はできないから。役者さんでもそうじゃないですか、役所広司さんとかが抑えた演技で何も言わなくても、その場を全部持ってくみたいな。私が黙ってDJしてたら、たぶんヘンな笑いが起きて、1分半くらいで客席がザワザワすると思うんですよ。ふふ（笑）。だから、私がエレクトリカルパレードなら、若林さんは日本庭

番組で募集したリスナーからの質問をもと

園。「いいねぇ」ってずっと見てられるっていう。

――星野さんとのコラボでは、リハの段階からクミさんとフワちゃんがノリノリでした。

春日　クミさんにはちょいちょい「星野さん出るの？」って探られてたんだけど、「知らない」って言ってましたね。それで通るんですよ、「本当に春日は何も知らされてないんだろうな」みたいな。実際、私も直前まで知りませんでしたし。だから、当日星野さんの楽屋を見つけたのもあって盛り上がったんじゃないかな。星野さんもすごかったけどね、「東京ドーム、久しぶりだな」のひと言で全部持っていって。その星野さんと渡り合う若林師匠もね、なかなか大したもんだよね。

Q　漫才の登場で、カス仁田厚で長い花道を歩いてくるとき、何を考えていましたか？

春日　大仁田さんが抜けてなかったのは、全然気づかなかったですね。スクリーンの裏にいたときは、とにかく準備が間に合ってよかったなって。リハで初めて準備の流れをやったんですけど、ちょっと間に合わなかったんですよ。だから、エンディングのときにスウェットの下に漫才の白いズボンを穿いておくことにして。それでだいぶ時間が稼げた。あと、髪の分け目も一発で決まって。

――マイクまで歩いているときは何を思ってましたか？

春日　それまで3時間くらいライブをやってるから、なんか楽しみでしたね。ネタ番組なんかで漫才をやるときは、やり慣れたネタでも、若林さんに注意された顔の向きとか、細かいことを自分の中で確認してるんですけど、それがまったくなくて。「早くやりたい！」みたいな。このライブの中で一番楽しみだったかもしれないですね。また演出もよかったんでね。さんざんやった最後に、ああいう厳かな雰囲気でやるっていうのが。

――センターマイクが荘厳な雰囲気で。

春日　うん、最後に漫才で締めるっていう構成も素晴らしくてね。なんか締まるし、感動するだろうし、何よりカッコいいし。ワクワクしましたよ。そのせいで途中ネタが飛びそうになった。危なかった！

――ネタの最中はどんな気分でしたか？

春日　ずっと楽しかったですね。生放送と一緒で、ライブの最初から巻きが入ってるような状況だったと思うんですよ。何時に音が出せなくなるから、この時間までにここまで来てないといけない、みたいな。でも、私はそもそも時間の考えがないから。ネタの本筋があって、外れて戻って、っていう感じだったのが、戻ってこれないくらい外れちゃったところがあったし、最後の「お前、それ本気で言ってんのか？」も、一瞬言おうか迷いましたもんね。言ったら漫才が終わるから。でも、言わなかったら「なんで言わないんだよ」って言われて、その返しがねえなと思って。気の利いたことを言わなきゃいけないだろうってこともあって、仕方なく。

Q　今回の東京ドームライブは、春日さんにとってどのようなものでしたか？

春日　朝から仲のいいディレクターさんに密着のカメラでついてもらってて、何回も「もう終わるぞ」って言ってたんですよ。今日になっちゃったら、始まっちゃったら、もう打ち上げしてるぞ、みたいな。心待ちにしてたイベントですから。私はお気楽な立場だったからね。スタッフさんや若林さんは、デカいミスにつながりそうなポイントとかもわかってて神経を集中してたと思うんですけど、私は全然知らないから。ふははは！（笑）

――終わってみていかがでしたか？

春日　うん、いまだに話してますけど、やっぱり伝説のライブ。伝説を作ったな、っていうね。当日も東京ドームホテルに泊まらせてもらって、次の日に上の階のレストランで朝食を食べたんですよ。確かそのレストランに、マイケル・ジャクソンとか、東京ドームでイベントをやった人の名前が刻まれてるプレートみたいなのがあって。大げさな話じゃなく、もうそこに刻まれてもいいだろうな。

Q　ライブを終えて変わったと思うところなどはありますか？

春日　日頃からラジオを聴いてくれてる人は大事にしたいと思ってましたけど、ライブビューイングや配信含め観てくれた人に対してありがたいなと今まで以上に思いますね。スタッフさんもそうだし、プロレスの皆さんもそうだし。「感謝」ですよね。ただ、それを形にする方法はわからないので、また若林先生に成敗してもらうしかないんですけど。

Q　ライブの打ち上げで、おふたりが熱い抱擁を交わす写真を拝見しました。どのような思いでしたか？

春日　あれはフワオンナが囃し立ててたんじゃないかな。嫌ではなかったですよね。「えー、よせやい」とか言いながらも、ちょっと「フワありがとうな」ってのもありましたね。

――終演後に楽屋に戻るときは、若林さんがグータッチしようとしたりもしてましたね。

春日　あれは私の前を歩いてた若林さんが、グーを出しかけて楽屋に入ってっちゃったから「え？」と思って。私も反応してちょっとグーを出しちゃったから、こっちが勝手に勘違いしたのかな、みたいな。でも、テンション的には全然ありでしたけどね。こんな歴史的な出来事が作られた日ぐらいは。

Q　ライブを経ておふたりの関係性に変化はありましたか？

春日　ほかの収録とかでも、前より余計なことを言ったりやったりしてるかもしれない。思いっきりボールを投げてヘンなところに飛んで行っても、若林さんなら取ってくれるんじゃないかなって。前までだったらやめておこうと思ったことでも、やるようになってる気はしますね。安心感、信頼感があるというか。結果、収録が面白くなってるのかどうかは知らないけど。はははは（笑）。

Q　相方・若林さんにドームを終えて一番伝えたいことはなんですか？

春日　そもそも若林さんからこの世界に誘われてるわけですから、私は。ちょいちょい「誘ったことを親に謝りたい」って言われますけど、もういいだろうと。うちの親もすげー喜んでましたから。だから、東京ドームにまでつなげてくれてありがたいなっていうのはありますね。あと、ドームライブやって改めて思いましたけど、素材としての春日の味を一番引き出してくれるのは、やっぱ若林さんだと思いましたよね。今回もまた最高値を叩き出してくれたから、うん、やっぱりわかってくれている。だから、今後も頑張ってもらいたいですよね。まだまだ（引き出せるものが）あるだろうっていう。次はどこに連れて行ってくれるのか、楽しみですよね。

（※1）かつて阿佐ヶ谷にあった春日行きつけの店「野菜食堂 はやしや」。春日とサトミツはこの店で毎年合同誕生日会をしていた。

に、若林が東京ドームライブを振り返る。

INTERVIEW

若林正恭

Q 東京ドームライブについて、一番悩んだことはなんですか？

若林　一番は「やるかどうか」ですね（笑）。やっぱり前例がないし、音響とかを考えても規模がデカすぎるし、かかるお金的にもヤバいのはわかってたし、お客さんが来てくれるかどうかもわからなかったので。でも、東京ドーム側に佐々木くんっていう、やりたいって言ってくれる人がいると聞いて、そういう縁があるときはやったほうがいいと思って決めた感じですね。

――決め手はご縁だったと。

若林　ただ、「本音を言う密室的な場所」とされてるラジオの文化に対して、反作用になるんじゃないかっていう罪悪感もありました。今はすぐネットニュースになるし、俺自身はラジオが密室的だとはもう思わないんですけど。でも、「オードリー」の濃度が一番濃い、漫才よりも濃いのがラジオだから、覚悟決めてやろうと思ったっていうのはありますね。

Q 若林さんが今回のライブのために東京ドームでいろんなライブを観てきた中で、どんなことが勉強になりましたか？

若林　それはSixTONESのライブのMCです。あの6人ってしゃべれるじゃないですか。トークが面白いから、会場がウケてる。あれを観たときに「あ、ドームでもしゃべりでこんなにウケるんだ。じゃあ漫才もいけるな」って思いましたね。SixTONES以外いなかったんですよ、ドームでガンガン笑いとる人たち（笑）。

Q チケットが売れたことで、ライブ製作のモチベーションはどう変化しましたか？

若林　内容に１００で集中できるようになったのは大きかったですね。ストレートにリスナーの力を感じました。特に初日から応募してくれた人がたくさんいたことは応援にも感じたし、すごく感謝してます。

Q 若林さんのお気に入りのライブグッズはなんですか？

若林　ヒップホップっぽいTシャツ（ビッグシルエットTシャツ）かな。あれ、最初はイラストだったんですよ。でも、エミネムとかのああいう服って、絶対実写なんです。カッコいいかどうかよりも、「オードリーがこんなことやって、なんかダセえな」って言いながら着られることを考えたら、絶対実写がいい。それで、実写に変えてもらって、サイズもオーバーサイズにしてもらいました。

Q 本番の日に何を食べたのか知りたいです。

若林　朝、リハの前に食べたのは朝マックのエッグマックマフィンセットです。体力作りのためにずっと脂質も制限してたんで、CMやってんのに、マクドナルドに行ってもサラダとアイスティーばっかり頼んでたんですよ。だから、何日も前から「当日は絶対エッグマックマフィンセットを食べよう」って決めてて。ワッフルなんかもトレーナーさん的には絶対に食べちゃいけないものだったんだけど、当日はオッケーだったんで、岡ちゃん（岡田マネ）に買ってきてもらって、春日がプロレスやってるときに舞台下で食べて。もう頭が爆発するぐらいうまかったです。

Q 若林さんが自転車で疾走するシーンでもう泣きそうになりました。若林さんはどんな気持ちで走っていたのでしょうか。

若林　速く走ったほうが面白いと思ってたんですよ。でも、出っ張りがあってクランクみたいにコースがカクカクした箇所があるから、速すぎると激突する。そこで減速せずにすれすれを行くことを考えてました。だから、「やるぞ！」とか考えてない（笑）。

Q なぜ5万3千人も集まったと思いますか？

若林　そうっすねぇ……誰か言ってくんないかなって思ってるんですけど、どう考えても面白いからだと思うんですよね（笑）。普段メールを読んだりするわけでもないのに、これだけ集まるっていうことは、オードリーのしゃべりが面白いからっていう。ふふふ（笑）。

Q トークゾーンのエピソードを決めたのはいつごろですか？

若林　Uber Eatsやってて、チップもらった瞬間にこの話でいこうと思ったから、1月ぐらいですね。青銅さんに初めてやった日のことを話したときに、「もうその話でいいと思いますよ」って言われてたんだけど。妻が結婚指輪をなくしてすったもんだしてたから、新しく買いに行く話をしようと思ってました。9割ぐらいそれでいくつもりだったのが、１９４円のチップがめちゃくちゃ嬉しくて、心が動いてるなって。あとは、ライブ前日の話も考えてて。「昨日さ～」って話し始めたらカッコいいよなって言ってたんですよ。東京ドームホテルに泊まる予定だったから、男の子のリトルトゥースに会ったら、その子の部屋で桃鉄をやることまで想定してましたね。

Q 漫才でマイクへと歩き出した瞬間は、どんなことを考えていましたか？

若林　直前まで、サトミツが作った簡易トイレで小便してたんですよ。で、センターマイクまで歩く間に「春日が着くまで何しゃべろうかな」って思ってましたね。そこを事前に練っても、ウソっぽくてよくないなって思ってて。今思ってることを言ったほうがいいので、そんなことを考えてました。だから、「漫才をドームでやるんだ……」なんて浸ってる余裕はなかったというか。

Q 客席の声はどう聞こえていましたか？

若林　野球場なので、席の向きが全部内野に向けて作られてるんですよ。だから客席から笑い声が起こると、全部中心にあるブースに吸い込まれていくような感じでした。漫才も３００人の劇場でやってる感覚で、びっくりしました。ドームは広いからズレ漫才のテンポだと笑いのタイミングが合わないと思って、オチがわかりやすい歌ネタにしたんですよ。でも、始めて数分で「普通のネタでいけたな」と思いましたね。

――「あのネタを選んだ理由が知りたいです」という質問も来ていました。

若林　いろんな演目もあるし、前半はオードリーを知らない人向けのネタにしようと決めてたんですよ。オードリーの自己紹介っぽくしたのは、自然に振り返りたかったから。エモい感じじゃなくて、お笑いとして振り返ったほうがド

番組で募集したリスナーからの質問をもと

ームのライブっぽいなって。

――後半は「感謝」がテーマでしたよね。

若林　後半は俺と春日が楽しめればいいゾーンに切り替えることにしてたんですけど、夏に『君たちはどう生きるか』を観たんですよ。あの作品って暗喩（※1）が多くて。「巨匠って、なんで後年暗喩を使うのかな」って思ったら、リアルタイムの世相を斬るんじゃなくて、人生とか人間とか、大きなテーマを扱うときに暗喩を使うっていう共通項が見えてきた。それってラクだなと思ったんですよ、最新のドラマとか観なくていいから（笑）。で、「暗喩やりてえな」と思ったっていう。

――それがどう「感謝」になったんですか？

若林　オードリーの関係性を暗喩でどう表そうか考えてたら、春日に対して「感謝を言葉に出せ」と思って。俺にでも、クミさんにでも、ファンにでも。それで、照れ屋でハスってて無口な男が感謝の言葉を出すっていう状況だけ浮かんだ。でも今気づきましたけど、結局「感謝のバット」になっちゃったんで、直喩になってますね（笑）。野球の要素は絶対に入れたかったんですよ。

――野球熱も高まってましたよね。

若林　あと、ちょい下ネタも目指したら、お尻からバットを出すことになって。その要素がパチッときて、サトミツに話した瞬間があったんです。春日って、感謝がないんじゃなくて溜まってるだけなんで、「出せ」って言えば出てくるヤツだと思うんですよ。プロポーズとかもそうだし。ただ、感謝があることにも気づいてない人間だから、俺が「固めて出せ！」って叫んで、春日が出そうとするっていう。そしたらサトミツが「それだね！　もう考えなくていい、それでいい」って（笑）。

――感謝のボールはドームの天井まで飛んでいきました。

若林　これは言わないほうがカッコいいんですけど、表現って、自画自賛をコーティングしたものじゃないかと思って。そこまで段階を踏んでいきたかったので、最後はお客さんへの感謝じゃなくなってるというか。自画自賛を打って届けるっていうことを暗喩でやりたかったんですよね。直喩でしたけど（笑）。

Q　オードリーの中で日本武道館のイタコの漫才を超えられないといったお話をされていましたが、東京ドームの漫才はどういう位置づけになっていますか？

若林　スポーツの自己ベストで言うなら、タイムはイタコと一緒ですね。作り方もイタコと一緒なんですけど、それは当時無意識でやってたことが体系化されたからで。「若林と春日ってなんだ？」っていうと、イタコとか感謝のバットの関係性でしかないんですよ。だから、もう超えなくてもいいというか。同じタイムで泳ぎ方や走り方が違ってくる感じになってますね。

Q　ドームでＤＪをやろうと思った理由は？

若林　東京国際フォーラムでも、武道館でもラップしたから、リトルトゥースも言ってたんですよ、「ラップやるんだろうな」って。「言っちゃうなよ」と思って、ずっとびっくりさせるものを探してたんです。それで、どれくらいできるかわからないけど、ＤＪやってみようかなって。それが11月ぐらいで、ＤＪ ＩＺＯＨさんと出会って、「できますよ」って言ってくれたので、ＩＺＯＨさんには感謝ですね。

――苦労された点はありますか？

若林　驚いたのは、ヒップホップ文化って、やっぱりフリースタイルなんですよね。だから、「どこで何をすればいいんですか？」って聞くと、ＩＺＯＨさんも「ん？」みたいな。とにかくできること、引き出しを増やしていって、ＤＪプレイはその場次第っていう感じで。

Q　ラップのリリックについて、思いやエピソードがあれば聞きたいです。

若林　ｍ－ｗａちゃんとやったときも、梅沢富美男さんとやったときも、基本的にディスってるんですよ。でも、星野さんに対してはディスする要素がない。だから、1バース目はちょいお笑いにして、2バース目はリアルな感じにしようっていうのが頭にあって。そしたら、『王様のブランチ』（※2）を思い出したんですよ。「何してくれんだ」って、すぐリリックが書けました（笑）。

――そして、2バース目はおっしゃる通りリアルなテイストでした。

若林　「斜陽」っていうワードは使いたかったんですよね。オードリーのＡＮＮを15年やってきて、こういうライブもやることになると、無関心な人だけじゃなくて、ヘイター、嫌ってる人もいて。元リスナーなんかも厄介で、自分が聴いてたところを美化したがるっていうか。でも、俺たちは続けているわけじゃないですか。だから、斜陽でも同じことを続けているっていうことは入れたかった。そこから、斜陽のあとに「助走」っていう言葉が出てきて、リリック的に助走したら飛び立たなきゃいけないから、「飛翔」って思ったんだけど、ダサいなって。ほかの言葉がなかなか出てこなかったんですけど、直前になって「解放」って思いついたんですよね。

――星野さんもすごかったですよね。

若林　本当にすごかったですね。立ち姿や振る舞いも、（立川）志の輔さんとか（立川）談春さんみたいで、芸が確立されてるっていうか。ずっとステージに立ってきたんだろうなって。なんだろう、最初のひと言でエネルギー、生命力、魂、歴史を感じましたね。

Q　ライブを経て、オードリーの関係性に変化はありましたか？

若林　うーん……これは喜ぶべきことでもあり、がっかりしたことでもあるんですけど、漫才を作るときに、「オードリーの関係性とはなんぞや？」ってずっと考えてたんですよ。それで、言葉にしない春日に対して、イライラしてしゃべらせようとする若林、っていう漫才になりましたけど、それが関係性の答えだったんですよ。そしたらなんか、ライブ後に初めてＬＩＮＥしてきて……ホントにコンビ組んでから初めてなんですよ。「東京ドームまで連れてってくれてありがとうございます」って感謝してきちゃったから、「俺の半年の苦悩はなんだったんだ？」みたいな。本当にケツから感謝が出ちゃってんじゃねーかっていう（笑）。ちょっと引いちゃいましたね。また次の関係性を考えなきゃいけない。

――若林さんはお返事されたんですか？

若林　さすがにしましたね。プロレスを見て「やっぱ華あるよな」と思ったので、俺も連れてきてもらった側だって返したと思います。

Q　今回のライブは何点ですか？

若林　「原点」であり「頂点」かな。こういうラベリング、うまくなっちゃってるんですよ（笑）。

（※1）比喩として、「〜のようだ」といった明確な説明の言葉を用いずにたとえる方法。

（※2）『LIGHTHOUSE』で若林が配信だから話した発言が、地上波の『王様のブランチ』で取り上げられてしまった件。

関係者が振り返る、2・18東京ドーム公演

佐々木勇祐（東京ドーム）

■イベントにおける役割を教えてください。

肩書はプロデューサーでしたが、役割は主にイベントの運営です。まったく新しい形での「東京ドームの使い方」を検討し、さまざまな場面での調整業務を担いました。「オードリーのオールナイトニッポン15周年展」の企画もメインで携わりました。

■長い準備期間、どんな気持ちでプロジェクトに参加していましたか？

正直かなりの激務でしたが不思議と辛くなかったです。やるからには絶対成功させるという一心で、一日一日を過ごしていました。多い時は毎日のようにプロジェクトのメンバーの方と顔を合わせていたので、今となっては、あの忙しさが恋しくも感じます。

■実際に苦労した点、悩んだ点などは？

「トーク中心」のラジオイベントが東京ドームで前例がなく、実施方法、見せ方については長い時間をかけ議論を重ねました。また、個人的には、5万人以上のお客様が、たった2時間でほぼ全席きっかりご入場いただけた光景を見て、痺れました。他の公演では、開演に間に合わない方も多いというケースもあるからです。

■オードリーのおふたりとのやりとりで、印象に残っていることはありますか？

企画当初の打ち合わせで若林さんが「会議室で大人が考えたものより、ラジオで偶然生まれた『バカバカしさ、おもしろさ』を大事にしたい」とおっしゃったのがとても印象に残っています。私もリトルトゥースなので、勝手ながら嬉しい気持ちになりました。本当にドームでいつものラジオをするんだ、と。春日さんは、終演後の打ち上げで初めて目を見て、「佐々木氏」と呼んでくださいました（笑）。

■ライブ当日はいかがでしたか？

当日は記憶が断片的で……。いつもの東京ドームなのに、来たことない場所にいるような不思議な感覚でした。若林さんの入場シーンに「あ、やっぱりスターだ！」と思い、「絶対に成功する！」とも感じました。その後は泣くのを我慢するので精一杯だったので、早くBlu-rayが観たいです。

■改めて、どんなライブだったのでしょうか。

これからのライブシーンにおいて、ターニングポイントになるライブだった、と思っています。「お笑い」「ラジオイベント」を東京ドームでやるなんて誰も考えなかったわけですし、しかも、それを大成功させたオードリーさんは、常識をいい意味でぶち壊し、たくさんの人に夢を与えた、と。僕としては、「いつか東京ドームでラジオのイベントがしたい」という長年の夢を、大好きな『オードリーのANN』で叶えることができて、感無量です。

水口健司（ディレクター）

■担当された企画について教えてください。

ひろしのコーナーとプロレスです。

■企画で大事にされたこと、軸となったことは、どんなことですか？

東京ドームで5万人を前にするから派手に、といったことではなく、「作家のチェ・ひろしくんが考えた企画をラジオブース内でやる」という普段の放送のノリを大事にしたいなと。プロレスについては、プロレスを知らないリスナーもたくさんいるということはかなり意識しました。ただ、春日もそうですが自分もプロレスが大好きなので、VTRや入場など、知っている人も知らない人もどちらもワクワクできるような演出を、相談しながら作りました。

■企画実現までに、苦労した点はどこですか？

ひろしのコーナーでは、そもそも車を人力で引っ張れるのか、高低差や床材がどのくらいの障害になるのかなど、さまざまにシミュレーションを重ねました。その上で、〝悪ガキ若林〟がどんな邪魔をしたら面白いのかを考えてあの形になったという感じです。特に苦労したのは、クリーム砲。クリームの形状、量など改善を重ねる過程で、クリーム砲を自ら受けまくったのはいい思い出です（笑）。

プロレスは、春日のこだわりをどう取捨選択しどう実現するか、毎日1時間、電話で話し合いました。公演前日、春日が「大仁田厚さんのように、花道を歩く途中、客席からペットボトルや缶ジュースを投げてもらいたい」と言ってきましたが、大仁田さん以外でもオマージュしている要素が多いのでさすがに却下しました。

■ご自身のこだわりが反映されている部分があれば教えてください。

プロレスの味玉トロフィーです。手の像に本物のレンゲと味玉を載せるつもりが、味玉が滑って落ちてしまうので作り物になりましたが。

■リハーサルの機会も限られるなか、本番はどうだったのでしょうか。

ひろしのコーナーでは、クリーム砲はちゃんと出るのか、車が何かしらの不具合で動かなくならないかなど、とにかく不安要素が多く、本番が終わるまでは気が気じゃありませんでした。本番では、車庫となっている一斗缶が何列か倒れるアクシデントがありかなり慌てました。

プロレスでは、こだわり抜いた衣装で練習も重ねたのに、本番ではチャックが噛んだのか春日のジーパンが全然脱げなくて、リングサイドでマジでふざけんなって思いました。

■ライブをやりきった今、どうですか？

とにかく楽しかったです。部室のノリを5万人の前でやりやがった春日と若林、5年後か10年後にまたやろーぜ！

中西正太（ディレクター）

■担当された企画について教えてください。

ひろしのコーナーもお手伝いしましたが、主にプロレスです。

■企画で大事にされたこと、軸となったことは、どんなことですか？

「本気のプロレスを目指す」ことが軸で、とにかく春日さんとフワちゃんがガチで練習するしかなく、ご協力くださったノアとスターダムの選手が、ふたりをプロレスラーに育ててくれました。練習期間は4ヶ月くらいで、ドキュメントを作れるほどの真剣さでした。

■企画段階での印象的な出来事があれば教えてください。

シンプルに、ふたりの練習がガチすぎて、すごかったです。春日さんのロープワークやフワちゃんの受け身などレスラーの所作が、日に日に上達していくのが素人目にもわかって、こちらも頑張らねばと思いました。公演前日にいつものように道場に行った時、もうここに来ることもないのかと寂しさを感じたくらい、練習が日常になっていました。

■ご自身のこだわりが反映されている部分があれば教えてください。

僕自身、プロレスや格闘技が好きなので、入場前の煽りVTRが作れたことが嬉しく、往年のプロレスのオマージュをちりばめました。

■本番はいかがでしたか？

春日さん入場時の曲が、蝶野（正洋）の曲から大仁田（厚）オマージュって、会場でどのくらいの人がわかっていたんだろう（笑）。リングでジーパンが脱げないのには焦りましたが、セコンドの宮脇（純太）選手がレスラーの力技で引きちぎって脱がせたのが、結果、プロレスっぽくて良かったです。客席がプロレスのお客さんではないので、試合中の盛り上げがどうなるか心配もありましたが、スターダムの葉月選手と飯田（沙耶）選手がリングを叩いたり、レフェリーに訴えたりすると、自然と手拍子やブーイングが起こったので、レスラーはすごいなと。ステージ上から客席を見たその時の光景は、今も脳裏に焼きついています。

■ライブをやりきった今、どうですか？

あの日あの熱狂を体験し、すごいことに参加させてもらったんだという感慨が終わってからじわじわと湧いています。慌ててグッズを購入したくらい（笑）。熱心なリスナーではない僕のような人間でもそうで、16万人を心から熱狂させ幸せにしたオードリーって、本当にすげー！

甲斐絢子（ディレクター）

■担当された企画について教えてください。

ステージ上の転換中に行う、幕間コーナー。

■企画で大事にされたこと、軸となったことは、どんなことですか？

時間的にはかなり短い幕間ですが、単にコーナーの間をつなぐのではなく、「オードリーとオードリーのＡＮＮの歴史をつないできたノリ」を東京ドームでも作ることを大事にしました。

■企画段階での印象的な出来事、苦労した点があれば教えてください。

オードリーのおふたりと縁深い方々にご参加いただいたのですが、最初の打ち合わせで、何よりもまず「オードリーの晴れ舞台を東京ドームで見られることが嬉しい」とみなさんおっしゃったことが印象的でした。苦労したのは、リハーサルが当日までできないなかで、物理的に広い東京ドームの、さらに客席で行う企画ということもあり、コーナーの進行役である東島（衣里）アナとの掛け合いがうまくできるのか不安がありました。ですが、そこは数々の舞台を経験されてきたみなさんでしたので、当日1回のみのリハーサルで仕上げてくださいました。

■ご自身のこだわりが反映されている部分があれば教えてください。

あくまで「世界的スターが来場した」という企画なので、演じているご本人のお名前をテロップでは一切出さなかったことでしょうか。リトルトゥースしかいない空間だからこそできたことです。

また、ビトさんの衣装である映画『首』風の甲冑は、ライブの1ヶ月前にフィッティングを行い用意し、ＴＡＩＧＡさんがジョーさんを叩きつける製氷機は、10万円をかけて作ったオリジナルです。ニッチローさんはイチローさんの引退試合同様に三塁側のベンチでのパフォーマンス、松本さんは『オドぜひ』にも出演されたご子息・龍聖さんに推しうちわを持っていただくなど、出演者の方々と細かく相談の上、準備しました。

■本番はどうだったのでしょうか。

ＴＡＩＧＡさんとジョーさんのブロックは、最近の放送では話されていないエピソードの再現で、よくわからなかったお客さんもいたと思いますが、その反応は内輪ノリを煮詰めた結果であり、このブロックこそ幕間コーナーの醍醐味だったなと個人的には思っています。

■ライブをやりきった今、どうですか？

自分の担当外のことですが、長楽のポークライスを食べた若林さんの「泣きそう」という一言。舞台裏ではその再現のため奔走したサトミツさんと水口ディレクターが、遠目に見てもわかるほどのどデカいガッツポーズをして力強く抱き合っていて、みんなが全力で作り上げたこのライブの、名場面の一つでした。〝最高にトゥースな〟このライブに関われたことが、仕事という視点だけではなく、今後、自分自身の糧になる、最高の経験だったなと感じています。

双津大地郎（ディレクター）

■担当された企画について教えてください。

オープニング映像（①）、若林さんのＤＪ（②）、漫才後の「大エンディングＶＴＲ」の編集（③）。それら本番での担当に加えて、ドームライブ発表から直前の会議までの1年間の記録映像・メイキング映像の撮影も担当しました（④）。

■企画で大事にされたこと、こだわったことは、どんなことですか？

①オマージュ元の映画のルックに近づかせながら、おふたりの物語や意味を盛り込むこと。『メジャーリーグ』の春日さんがユニフォームを着る前に、六本木の社長からもらったモンクレールのダウンを捨てるムーブを入れる、など。

②若林さんのＤＪプレイの練習から、東京ドームの大観衆の前で見せられるレベルの出し物になっているのか？を常に想像すること。実際は面白くてちょっとカッコいい、ちょうどいい出し物になっていたと思います。

③使う映像のチョイスや構成、曲終わりのおまけなど、細かい部分にもこだわりました。

④このライブは歴史的なものになるという確信が発表時からあったので、誰に頼まれたわけでもないのに、スペシャルウィークの放送や会議風景に至るまで、伺える場所にはなるべくカメラを入れて映像を残しておくようにしました。

■企画段階での印象的な出来事、苦労した点があれば教えてください。

①若林さんのトウモロコシ畑の映像はかなり早い段階で撮影をしていて、撮影したはいいけれど、後々、それを使わない可能性が出てきたとき、撮影場所を貸してくださった方に申し訳ないなと。無事に使用されてよかったです（笑）。

③僕が考えた構成でＶＴＲを作成し、若林さんにチェックしてもらうことの繰り返しで、完成に至るまで20バージョンも作りました。若林さんの修正指示はいつも的確だったので、単に僕のセンスがなかっただけかもしれません。

■本番はどうだったのでしょうか。

②練習や別会場で行ったリハーサルで一度も不具合を起こしたことがなかった若林さんのＤＪ機材が、当日のリハーサル前に不具合を起こしたことが一番焦りました。

■ライブをやりきった今、どうですか？

普段の仕事ではいつも、一つや二つの反省点が引っかかり、うまくいったことでもそれほど喜べないものなのですが、ドームライブ終了後は１００パーセントやり切ったという感慨があり、心の底からの満足感を初めて味わえました。

次第に大きくなる周りの環境やお客さんの数、費用やそれに伴う責任感など、あらゆることをちゃんと引き受けた上で、成功させるためにギリギリまで努力をしていた若林さん。そんな大きくなっていくオードリーという〝現象〟に対して、天狗にならず、半ば病的なまでにフラットでい続けるストイックな春日さん。ラジオの歴史の「伝説」の最高地点を、現在進行形で更新し続けるおふたりの「伝説のライブ」に関われたことは、本当に嬉しく、名誉なことです。

2.18目撃者インタビュー

はなわ

オードリーが下積み時代に大変お世話になったという芸人・はなわ。事務所の先輩であり、兄のようでもあり、共に青春時代を過ごした仲間でもある存在は、オードリーの晴れ舞台に何を感じたか。多少やり過ぎたドッキリ話から、どうしたって胸が熱くなる、あの人のことまで――。

――オードリーのANNでは特に初期の頃、はなわさんとの思い出が鉄板トークのひとつでした。若手時代のオードリーはどんな印象でしたか。

はなわ　最初に会ったのは事務所のネタ見せでした。まだ所属が決まっていないコンビがオーディション的な感覚で来るから一緒に見てほしいって社員さんに頼まれて。ふたりが22歳くらいで、僕もまだ24歳くらいかな。2歳しか離れてないことにいまさら驚いちゃうけど（笑）。漫才じゃなくてコントをやったんだけど、今とは完全に逆。若林がボケで、春日がツッコミでした。見てすぐに、ネタにセンスがあって面白いなと思ったことを今でも覚えています。僕もそうですが、当時、事務所にはほとんどピン芸人しか所属していなくて、コンビというのも新鮮でしたね。

――はなわさんにご飯をご馳走になったり洋服をもらったり、「そうでなかったらきっと死んでいた」なんて話もよく出ていました。

はなわ　そんなこともないと思いますが、ふたりがいつもそう話してくれるのはありがたいことです。僕としては、ふたりの関係性をどこか羨ましいなと感じながら見ていましたから。学生時代からの付き合いだからこそのノリ、というのがもともと好きで。でもコンビを組んで、若林はどうやったらうまくいくのか、特に、どうしたら春日を少しでも面白く見せられるのかということに、ずっと悩んでいました。仲間内でも春日を面白くするための方法を考える「春日会議」を何度もしたことがあって、そこから生まれたのが春日をパンクキャラにすること。

――バリカンで春日さんの髪の毛をモヒカンにしたんですよね。

はなわ　そうそう、緑に染めて、僕のロックっぽい洋服を着せたりして。多少の悪ノリはありつつも、「春日の顔は彫りも深いし、キャラ付けしたほうが面白くなる」と、真剣に考えた末の結論だったのですが、2、3日経ったら春日から電話があって「いくら探しても自分の体の中にパンクなところがひとつもないから、やめたい」って（笑）。とにかくいつも若林は真剣で、春日は言われたことには全振りする。今も変わらない関係性がすでにありましたね。僕としては、相方をどう活かすか目の前で試行錯誤し続ける若林に、コンビというものの独特のあり方を感じて、それを羨ましく感じていたのかもしれない。自分では絶対に体験できないことだから。

――ラジオでは、ケイダッシュ芸人さん内で、独自のゲームをやったりドッキリを仕掛けたりと、ある種の青春エピソードが話されることもありました。Hi-Hiの岩崎（一則）さんにはなわさんが仕掛けたドッキリとか……。

はなわ　寝ていた岩ちゃん（岩崎）に水をぶっかけて、その様子を動画で撮影していた話ですね。実はあれには前日譚があって、例の「春日会議」をうちでやるはずだったのに、張本人の春日が来なかったことがあったんです。そうしたら若林が「あいつ多分、寝てますね。迎えに行きますわ」って言うから、みんなでむつみ荘まで行った。そうしたら本当に春日が寝ていて、一同呆れたんだけど、若林がいきなりバケツで春日に水をかけたの、バッシャーン!!!って。雷に打たれたみたいに、呆然としながらも跳ね起きた春日の反応がめちゃめちゃ面白くて、全員、爆笑で。当然のことながら、「ああ、これはもっとやりたい!」と（笑）。それで岩ちゃんにも仕掛けたというわけで。岩ちゃんの他に

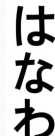

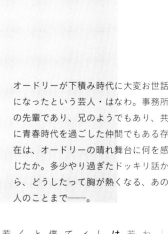

悔しさを抱えながら過ごしたあの日々も、全部無駄じゃなかったのかも

も、HEY!たくちゃんとか、いろんな芸人に仕掛けたんだけど、春日ほどのリアクションは見せてくれなかった。そう考えると、春日を面白くする方法って「ドッキリを仕掛けること」だったのか……（笑）。

――そんな楽しさもある一方で、10年近く売れないことへの悩みを強烈に抱えた若林さんを、どう見守られていたのですか？

はなわ　オードリーと同期のナイツの塙（宣之）が実弟なこともあって、僕からすると、オードリーは当時、もう本当の弟のような存在になっていました。今では信じられないけど、ナイツもオードリーも、テレビに出られないどころかライブでもまったくウケない。女性人気も全然なくて出待ちのファンもゼロ。先が見えない暗闇の中で、若林はどんどん病んでいって……。「面白い」と信じて作ったネタが全然評価されないわけで、やさぐれて当然なんですが、ネタ見せから帰ってくると、「（ネタを見ていた）あいつの顔、一生忘れない。ぶっ殺してやりたいです」なんて怖い顔で言うから、冗談半分だとしても、僕としてはかなり心配していました。芸人を辞める直前までいった時も、「辞めるなよ」なんて軽々しく言えなかったし……。

――そんなオードリーが東京ドームでライブをやると聞いて、どうでしたか？

はなわ　「まーじか!!!」って、最初は信じられなかったです。それに、オードリーのANNは毎週僕も聴いていて、その面白さと人気はよく理解していましたが、さすがに東京ドームとなると、集客が大変だろうなと。今考えると僕なんかの力は大した足しにもならないのだけど、知り合いはもちろん、仕事先の人にも「ぜひ観に行ってやってください」ってひたすら声をかけました。すごくたくさんの人が「行きます!」って言ってくれたので、結構集められるかも、なんてちょっと安心していたら、発売と同時に即完で、皆さんに断らないといけなくなったという（笑）。

――集客については、若林さんはずっと不安がっていました。

はなわ　最終的にものすごい数の応募があったわけでしょう？　すごいよね！　春日のアパートで数名のお客さんの前でライブしていたのも見ていたから、にわかには信じられないけれど、それだけのスターになったのに、若林のストイックなところもそうだけど、春日も昔と何にも変わらない。オードリーというコンビの面白さが、ちゃんと評価されたってことだよね。それに、周りから本当に愛されているし、ふたりを嫌いという人を知らない。即完は当然だったのかも。

――ドーム公演、実際にご覧になってどうでしたか？

はなわ　いやー……感動しました。トム・ブラウンはじめ、事務所の後輩も一緒に観るなかで、年長の自分が泣いたら絶対に寒いって堪えたけど、やっぱり泣いてしまって（笑）。オープニングから鳥肌が立って、早々にヤバいなと。ヘンな感情が次々に溢れ出てきて、自分のこと以上に嬉しかったし、心動かされました。それに、普段の「ラジオ」と変わらないのも、相当カッコよかった。ドームなのに、なんでTAIGAやジョーが出てくるんだよ!って（笑）。主張がなくてあんなにつまらなかった春日も本当に面白かったし、ふたりでドームを遊び倒しているのが、最高に痛快だった。悔しさを抱えながらキサラで過ごしたあの日々も、全部無駄じゃなかったのかも、なんて、勝手なことも思っちゃいました。キサラでバイトしていた春日は、ずっと怒られていたけど（笑）。

――「オードリー史」でいえば、はなわさんは、0巻からずっと見続けているわけですよね。

はなわ　確かに僕はオードリーの歴史を近くで見てきたんだけど、実際には見ていないリスナーの皆さんも同じ感覚でいませんか？　若手の頃から今まで、ふたりに何があって何を感じてここまで辿り着いたのか、ストーリーを共有している。それは、ふたりがラジオで全部さらけ出してきたから。いつの間にか、こんなにも多くの人がオードリーの歴史に巻き込まれているって、かなり面白い。しかも、15年聴いている人も、1年の人も、「その期間のオードリー」がそれぞれの中にあるから、あんなふうに熱気と興奮に満ちた客席になったんだなって改めて思います。ラジオイベントなのにプロレスも音楽も漫才もあるなんて新しすぎて、3時間半が一瞬に感じられました。終演後は後輩たちと飲みに行ったのですが、みんなどこかふわふわしていて。「ライブがすごすぎた。あまりにも目指す場所が高くてピンとこない、不思議な感覚」みたいなこと言うから、「でも20年前のオードリーは、君たちよりもずっと売れてなかったぞ」って話はしました。若手にも中堅にも、このライブはある種〝劇薬〟だったんじゃないかな。だからこそ僕としてはマエケン（※1）と一緒に観たかったなぁと。そこはどうしても悔しい。でもマエケンもどこかで観ていて、「すごかった。でも勘違いすんなよ」とか言ってそう（笑）。「いい？　わかるでしょ？」って。

――星野源さんと披露した「Orange」のラップでも、マエケンさんに呼びかける歌詞があったくらいで、若林さんの中にはずっと「心のマエケンさん」がいるのでしょうね。最後に、今後のオードリーに期待することをお聞かせください。

はなわ　ふたりのことを僕はもはや尊敬していて、今話していてもずっと、勝手に泣きそうです（笑）。若い頃みんなでよく「型にハマらないで、自分が面白いと思うことをやるんだ」って生意気にもしゃべっていたことを、今回のライブしかり、ふたりはどんどん成し遂げている。その信念みたいなものをずっと貫いて、新しくてヘンなこと、ヘンでめちゃくちゃ面白いことをやり続けてほしい。僕もそうですが、マエケンもずっと見ているから。

（※1）マエケン（前田健）
はなわ、オードリーと同じケイダッシュステージ所属のピン芸人で、オードリーにとっては若手時代の恩人のひとりだったが、2016年に急逝した。

はなわ
1995年、芸人として活動を開始。2003年、デビュー曲「佐賀県」でブレイクし、同年の紅白歌合戦にも出演。2017年の「お義父さん」、2019年の「埼玉県のうた」といった楽曲も話題に。

谷口大輔

中高時代の同級生で、過去には番組に出演したこともある、オードリーの友人・谷口大輔さん。リトルトゥースにはお馴染みの人物だが、今回のドーム公演では意外な関わりをすることになった。30年来の「おともだち」として、ドーム公演をどう見つめたのか。

――廊下の奥の部屋の扉に、東京ドームライブのポスターが貼られていました。

谷口　あちらは会長室です。昨年の6月に弊社からオードリーのANNを生放送した際、まーちゃん(※1)と春日が貼ったものが、今もそのまま貼られています。

――リトルトゥースが経営している果樹園に掲出するためのドームライブの巨大なポスターを、MIC(※2)で印刷することになったのですよね。

谷口　ええ。まさか自分が「仕事」として彼らの公演に関わることになるとは予想外でした。2011年に番組に出演した際はニッポン放送さんに伺ったのですが、今回はそんな関わりも生まれたことだし、せっかくなら生放送を弊社内からできないかと打診されたんです。会社に話をする前はどうなることかと心配もあったのですが、あっさりOKが出てそれに驚いて(笑)。放送でも話しましたが、弊社の70周年記念のパーティーで、彼らにお願いしたお祝いのメッセージ動画が流れたとき、「勝手に友達出してんじゃないよ」って、会長はじめ全然盛り上がらなかったのに、今回は「会社中、どこ使ってもいいから全面協力してあげなさい」と。ここ数年で社内の反応もまるで変わりました。長くお付き合いをしている取引先のお客様からも、「実はリトルトゥースで……」と言われることも多々あって、ドーム公演に向けて皆さんのテンションが上がっているのを感じていました。

――放送では「ひろしのコーナー」で春日さんが会長のパネルを椅子でひいたり、若林さんがパネルで頭を叩いたり、結構めちゃくちゃやっていました。

谷口　事前に各方面に説明はしていましたが、放送の1週間後が株主総会だったので、何かあったら大問題になる可能性もあるにはあって……。でも、ひかれた会長は大喜びしていましたし、採用への応募が激増するという予想外のことも起きました。応募のきっかけを書く欄に「リトルトゥース」って書いてあったり(笑)。いずれにしても、アットホームな雰囲気、風通しの良さなどが伝わったみたいで、結果オーライでしたね。

――若林さんとは東京ドームに野球観戦に行かれていました。古い付き合いの友人がドームでイベントをするということについてはどうでしたか?

谷口　私が偶然ファウルボールをキャッチした試合ですね。私自身は「東京ドーム」っていうワードに、驚きも喜びも特にないというか、その規模感みたいなもののイメージが最初はつかなくて。「海外アーティストやアイドルが公演する場所を、芸人さんで、しかもラジオのイベントでってすごい!」と周りが騒いでいるのを聞くにつれて、徐々にそのすごさを実感していった感じでした。チケットの発売は夏頃だったと思うのですが、生放送後に会長から、「東京ドームを埋めるのは大変だろうから、谷口、微力かもしれないけど、社員全員分のチケットを買え」って指示されて。「radikoを覚えて放送も聴いたり、会長は完全にふたりの大ファンになった(笑)。チケットは即完で心配は不要でしたが、番組スポンサーになったのもそんな流れからでした。

――ドームでも谷口さん出演のCMが流れていました。

谷口　企業PRのCMなのに、商品やサービスのアピールは全くなく、恥ずかしながら私の

ふたりにプロとしての成長を見せつけられた、メモリアルな一日でした

「情熱」をアピールするという……（笑）。彼らが売れるようになった2008年頃まで、一緒に飲みに行っても春日は水しか飲まなかったし、例えば、私はサラリーマンで固定給でしたから、自分が出すからと女性と飲めるお店に誘ったり……色々ありました。私はお笑い業界のことはよく分かりませんが、売れるまでの10年くらい、先が見えない中で闘う彼らは、本当に大変だったと思う。そんなふたりが人気者になって、東京ドームを超満員にするという異例のところまで辿り着いたということ自体が、ものすごい情熱がないとできないことで……。そんなことを考えていたら、自分自身もM－Cに入って、業界では決して大手ではないけれど、情熱をもってがむしゃらに働いたことで、少しは成長できたのかもしれない、と。そんなふうに、彼らの現状と自分自身がリンクしたので、ああいうメッセージを送ることにしたんです。

——春日さんと若林さんからは、何か反応がありましたか？

谷口 まーちゃんからはL－NEが来ました。わりと素直な内容で、「ドームでお互いの仕事をコラボできるなんて、すごく嬉しい」みたいな。

——谷口さんの会社のデスクに、オードリーの2013年の単独ライブ「まんざいたのしい」のチラシが置かれているのが、放送中に発見されていました。

谷口 あれだけは捨てられなくて、チケットの半券と一緒に今でも大切にとってあります。「すごいな、本当に芸人やっているんだ。こうやってライブできるようになって良かったな」って感動しましたし、このチラシを見ると仕事のモチベーションが上がるんです。

——ドーム当日のことになりますが、開演前、会場の外で谷口さんと写真撮影する行列ができていました。

谷口 「こんなに知っていただいてるんだ」とびっくりしました。会長と社長も一緒だったのですが、会長が「谷口だよ～写真撮っていいよ～」と言ってしまって……（笑）。うちの社員がカメラマン役をやってくれました。そこでリスナーの方と話していたら、北海道や愛知から来ている方もいて、彼らの求心力に改めて驚きつつ、ラジオというメディアの特別さも感じました。

——いざ公演が始まってからはどうでしたか？

谷口 オープニングのアニメで、いきなりウルッときちゃって。高校の友達が他にも観に来ていたのですが、みんなそこでグッときたみたい。すごく良かった。5年前の武道館公演も素晴らしかったけれど、今回はあの時以上に、芸達者になったなぁと思いました。プロレスにDJ、それに、まーちゃんの本気のラップは、芸人の枠超えてるんちゃう!?みたいな興奮もあって。45歳になって、あれだけ体を張ったパフォーマンスができる春日にも、感動しました。生の舞台で、やり直しがきかない中で本気でやり切るふたり……最高に格好良かったです。漫才だけじゃない、自分たちの芸の幅を広げてきたんだな、すごいなって。

——谷口さんとしては長楽のポークライスの登場に興奮されたのではないでしょうか？

谷口 そう！ あれには本当に驚きました。年明けに春日と飲んだのですが、なんで食わしてくれなかったんだ、ふざけんなって（笑）。でも春日って創作のセンスがむちゃくちゃないから、料理もきっとできないはずなんですよ。だからなおさらびっくりしましたよね。今度絶対、作ってもらいます。

——漫才はいかがでしたか？

谷口 汗水垂らして楽しそうで、熱い漫才でしたよね。観ていて、いつもの漫才とも違う感覚になって、「正真正銘のプロなんだな」って。自分たちのショーを見せるぞ、という気合と気迫とプロ根性を感じましたし、ハラハラさせられない、もう若手の芸人では全然なかった。全部まーちゃんが考えているでしょうから、彼の才能はここまで広がったんだという感動も覚えました。それに、春日も今まではどこか一辺倒だったのが、何を振られてもしっかり返して、まーちゃんにちゃんと付いていっていた。あぁ、こいつも大人になったんだなと。お互い自分のやれることをやりつつ、最後はしっかり漫才で締める——。まーちゃんのムチャ振りに春日がなんとか応えるという、やっていることは高校時代の昼休みと変わらないのですが（笑）、それが最近、ますます絵になってきている。彼らの間に確かな信頼関係が築かれたのかな……すごくいいですよね。そういえば、今回、3人のグループL－NEを作ったんです。10年前くらいに作ったときは、作った瞬間に、ひとりずつ抜けていって、結局私ひとりになったんだけど、今回はふたりとも抜けなかったし、私が送った感想にまーちゃんはちゃんと返事をくれて。春日は反応こそないものの、グループから抜けないだけ、だいぶ大人になりました（笑）。この5年間でふたりにも色々な出来事があって、それをちゃんと乗り越えて……。そして〝メモリアルな〟一日にちゃんとしましたもんね。

——谷口さんが武道館公演の際に若林さんに送った感想にあった「メモリアルな日」に、ふたりとも突っ込んでいました。

谷口 まだまだその辺は大人になれていない（笑）。もっと素直になればいいのに。門外漢の私が言うのもおこがましいのですが、彼らはきっと日本を代表するコンビになれると思っています。素直になって、社交性を身につけたらだけど……。あのふたりには一番難しいか（笑）。私としては、いつまでも「友達」として、彼らの活躍から刺激やエネルギーをもらいながら、自分も全力で前進していきたいです。

（※1）まーちゃん
谷口さんは若林をこう呼ぶ。

（※2）M－C
谷口さんが勤務する会社、M－C株式会社は印刷業の取り扱いもしている。谷口さんは現在社内のナンバー3。

谷口大輔（たにぐち・だいすけ）
オードリーの日本大学第二中学校・高等学校時代の同級生。卒業後も若林、春日、それぞれと交流を続けており、『オードリーのANN』内でも度々名前があがる存在。M－C株式会社では取締役事業本部長を務めている。

千葉雄大

共演した際、オードリーを目の前にすると好きなあまり緊張でファンに戻ってしまったという俳優・千葉雄大。東京ドームライブは、高校時代の唯一の友人と観に行ったという。そんな「おともだち」とのラジオを通じた関係を振り返りながら、ライブについて語ってもらった。

――千葉さんはオードリーのANNを、いつ頃どんなきっかけで聴くようになったのですか。

千葉　8年前くらいからで、元々は『オドぜひ』が好きだったんです。僕、芸能人の方にお会いしてもめったに感情が高ぶることがないんですが、『オドぜひ』に出ていた方々や、オドぜひファミリーに会ったら「うわー」ってなりそうなくらい好きで（笑）。その後ANNも聴きはじめた頃に、若林さんのエッセイも読んでみたら、考え方に励まされたこともあって、ラジオがおもしろいってことだけじゃなく、テレビから本まで、いろんなオードリーさんの魅力にハマりました。

――なるほど。武道館の前くらいからリトルトゥースになっていったのですね。

千葉　リトルトゥースって名乗っていいのかな……。心配……。何度も聴き返す、特にはまった回は、『オドぜひ』のアシスタントで（当時）中京テレビの市野瀬瞳アナがゲストの回。めちゃくちゃおもしろかったです。あとは「春日事件」の回。すごすぎて、僕、泣きましたもん（笑）。スキャンダルを放送の中でちゃんと正面から受け止めて、話していって……。僕もあれから、何かあって怒るときは、若林さんが言った「敵はこんな近くにいたか、コラァ!!!」を、めっちゃ使っています（笑）。

――東京ドームでライブが開催されると知ったときは？

千葉　すごいっていうか、何やるんだろう、絶対に行きたいと思って、とりあえず事務所には「ドームの日は仕事休みたいです」って伝えました。本当に行けてよかったです。いまだにスマホケースに半券入れているぐらい、余韻に浸

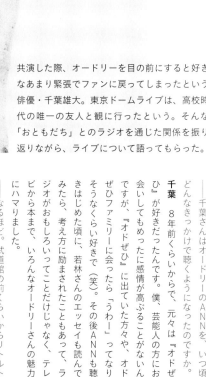

〝おともだち〟とあの空間、あの時間を一緒に過ごせたのが本当に嬉しかった

っています。

――千葉さんにとってどんなライブでしたか？

千葉　高校の同級生の田中くんと一緒に行ったんですけど、高校は男子校（当時）だったんですね。でも学生生活をエンジョイできなかった方で。友達が本当にいなかったんですけど、田中くんは唯一ラジオを聴いている仲間だったので気が合って。当時聴いていた地元のローカル番組とかに各々のラジオネームでメール投稿もしたり、お互い音楽も好きだったからCDの貸し借りや、ライブなんかも一緒に行っていたんです。だから高校生活をずっと一緒に共有していたわけじゃないけど「放課後を共有してた」っていうか。本当にラジオ友達みたいな感じで、今でも仲が良くて、オードリーのANNの話もよくしています。だからこそ、田中くんとあの空間、あの時間を一緒に過ごせたのは本当に嬉しかったです。

――着用モデルもされていましたが、グッズも着て行かれましたか？

千葉　Tシャツとスタジャンを着ていきました。会場の外も同じ格好の人達でいっぱいで、異常事態な光景（笑）。のぼりも一つ一つじっくり、全部チェックしました。しかも驚いたことに、最後のエンドロールでパッと見たら自分の名前が出てきて。「うわっ、存在してしまう」って、思わず隣の田中くんを呼んじゃいましたもんね。「僕の名前がある！」って（笑）。

――公演の内容自体はどうでしたか？

千葉　なんかもう、本当にありがとうございますって感じだった。僕も出演した公演『あの夜を覚えてる』の関係者がまわりに多かったんですけど、みんなラジオ好きばかりなので、みんなで観ているんだけど、笑うポイントがそれぞれ違うので普通にひとりで笑っていました。とにかく感情が忙しかったです。とりあえず、Uber Eatsの履歴は全部見返しました（笑）。めっちゃ探したけど残念ながら僕のところには「Masayasu.W」（※1）はいなくて……。でもふと思ったけど、Uberの配達でチップをもらう精神は、どの仕事にも共通するかもしれないなと。まったく違う場所に飛び込んで、普段の自分が通用しないときにどうするか……。知らないことってまだまだいっぱいあるな、果たして僕だったらチップをもらえるのかな、とかいろいろ考えちゃいました。あとは、ひろしのコーナーには本当に笑った。全力でやるおふたりが最高に格好良かったです。でもやっぱり一番は、冒頭の若林さんの、「ラジオやります」の一言。しびれました。結果、本当にラジオのような3時間半だったから。あっという間だったし、感情をすべて出し尽くしていたので、帰り道ではどっと疲れていました（笑）。

――この特別な公演をひとつも見逃さずに観るぞ、と構えていたのが、普段ラジオを聴いているような感覚になりましたよね。

千葉　「ラジオの魅力ってなんですか」と、ときどき聞かれるのですが、一言で表すのは難しくて。僕の場合は、いつも家でひとりで聴くことが多いし、学生の時とか、学校で一言も喋らずに帰ってくることもあったんですけど、そういう時にラジオを聴いてそれが居場所みたいになっていたので……。5万人それぞれがひとりで家で聴いているような感覚になっていたんじゃないかな。そんな5万人が同じ空間に集まっているのが、そもそもすごいことですよね。だから、田中くんの隣に座っていたけど、イベント中に何かを共有したかって言われると、普通にひとりでずっと笑っていて、誰よりもノッて観てました（笑）。終演後に田中くんとご飯に行って「あの時は〇〇だったね」みたいな答え合わせをしましたけど。

――ドームライブを経た今、オードリーのおふたりに声をかけられるとしたら？

千葉　……面と向かっては喋れなくなっちゃうかも。あんなすごいものを生で観ちゃったから今まで以上に喋れなくなるか、嫌われないようにめちゃくちゃ喋って空回りするか。どちらにせよ、バッドエンドしか浮かばない未来……（笑）。お手紙を書いていこうかな。でも、長文を読んでいただくのは申し訳ないから、「ラジオやります」くらいのストレートで強い気持ちを一言書けたら……。

――最後に、千葉さんが今後のオードリーに期待することはなんでしょう？

千葉　ライブがあれば、絶対にまた行きたいです。ラジオに関しては、おふたりが楽しそうに話しているのを、毎週土曜日に聴かせてもらえることが、これからもずっと、続けばいいなと思います。

（※1）「Masayasu.W」
若林がUber Eatsの配達員をやるときの登録名。

千葉雄大（ちば・ゆうだい）
1989年3月9日、宮城県生まれ。2010年、特撮ドラマ『天装戦隊ゴセイジャー』（テレビ朝日）で俳優デビュー。以降、多くのドラマ、映画に出演し、2017年には映画『殿、利息でござる！』で第40回日本アカデミー賞新人俳優賞を受賞した。

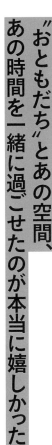

オードリーのオールナイトニッポンと夢のコラボ！

1日外出録ハンチョウ

あの「ハンチョウ」の世界に
オードリーが登場！

地下労働施設から外出した大槻が、
監視役の宮本とともに向かった先は‥!?

協力：福本伸行　原作：萩原天晴　漫画：上原求　新井和也

大槻・・・・
解放・・・・・！
この日は・・・・
黒服宮本とともに向かう・・
オードリーのANNイン・・・・・・・・・・
がや・・
がや・・
東京ドーム・・・！
いや〜楽しみだな〜〜！
フフ・・
そう・・・・・・・・実はこの二人・・
こうみえて結構な・・・・
リトルトゥース・・・・・・・・・・！

どうせ電波は入らないから‥と所有を黙認されているラジオで‥‥
ガガ!
どうも‥ ガ‥‥の若林です
土曜の夜 ガ‥‥スミン
大槻は毎週ラジオを聴いており‥
地下で何故か電波が入る場所
宮本とは‥‥
いや〜‥‥
今週のトークめちゃくちゃ笑ったわ
マイルーム小便はやばかったですね
オードリーのANN話で盛り上がることもしばしば……!
そして今回宮本が運良くドームライブチケット当選し
おお!
マジか当選した!
参加することができた……!
ライブは一言で言えば……
最高‥!

ステージ中央に
せり上がったのは……
ウィーーン
まさかの
ラジオブース……!
ざわ‥
ざわ‥
そう……
ドームライブで、まず始まったのは……
東京ドームで
まさかの
ガチ……
ラジオ……!
そして
その圧巻の
オープニング
トークから‥
盛り沢山の
イベントが続き‥
ハハハハ!
極めつきは‥
爆笑の
長尺漫才‥!
ライブ終了後‥‥
いや〜‥

最高だったな……………
楽しかったですねー
しかし気になるな～……
長楽のポークライス…………
あー……
長楽のポークライスとは…………………
オードリーの二人が高校時代通っていた……
町中華「長楽」で出された思い出の味‥
簡単に言えば……………
「豚肉の入ったケチャップライス」なのだが………………
「長楽」以外では出会うことができぬ…………
唯一無二の料理だった‥
が
この「長楽」という店は閉店し……
ポークライスは‥
二度と食べることができない
幻の味となってしまっていた‥
しかし……
今回のドームライブで……………
長楽の息子からレシピを聞き出し‥

春日が見事にその味を・・・・
再現・・！
食べてみてぇなぁ～・・・・・・
・・・・・・・・実はワシ・・・・
昔、一度だけ入ったことがあるんです・・
長楽・・
え！？何で・・！？
当時、営業で外回りしてた時に・・・・・・・
ちなみにポークライス食べました
たしか
マジで！？
作れんじゃねーの！？それなら！？
いや・・・・・・・流石に20年近く前のことですし・・・・・・
ムリでしょふつうに・・
そりゃワシも食べてみたいけど・・・・・・・・
えー・・・・
作れるぞ
長楽のポークライス・・
！
柳内さん・・！？
宮本宅

ほれ……
出来たぞ……！
おお‥ー！
すごい！
なんで‥
一時期
通ってた
からな‥
いや柳内さん
すご過ぎない…………？
ほら
冷める前に
食え
い‥
いただき
ます
パク‥
瞬間……
その味が‥
匂いが……
大槻に思い
おこさせた‥
まるで‥
タイムスリップ
したかのように‥

長楽を訪れた・・
その時のことを・・・!
そうだ・・
そう・・
あの頃ワシは・・仕事で中々成果が出せず・・・・・・・・
少し参っとった時期だった・・・・
だがここのポークライスを食べて・・・・・・
元気が出たんだ・・少し・・・・・・・・
ポークライス
そしてあの日は・・
ワシ以外にもう一組客がおった・・
つけ麺

めちゃくちゃうまいな大槻…………！
どうだ再現できてるか…………？
……
ええ……
間違いないです……

私の大バコ芸能史

高田文夫

　若林が登場し、ロードバイクで広い東京ドームを一周している姿を見て、私は感極まり招待された特別室から身を乗り出し75歳にして乙女のような声で「若さま〜〜〜ッ!!」と手を振っていた。なんせ5万3千人である。東京ドームの人がデータをとったらやっぱり私が「最年長リトルトゥース」だった。5年前の武道館の時も柔道着を着たいかつい人に「高田さん、一番歳上ですよ」と言われた。

　私の大目玉が見てきた「大衆芸能」「演芸」「エンタメ」ＩＮ大バコ（会場）の歴史は古い。何だってこの目で見ている。〝ひとり戦後芸能史〟である。オードリーの武道館公演を見た時の私のコメントが「ビートルズより凄かった」である。これが衝撃を与えた。私は高校三年の時、ここでビートルズの4人の演奏を見ているのだ。周りの姐ちゃん達のキャーキャーでほとんど聞こえなかったけど。何たってリバプールは4人で、こっちは2人（一人は八丁堀で、もう一人はクミさん）である。

　その次に武道館で見たエンタメは81年「漫才ブーム」の終りにもうひともうけとたくらんだ企画・プロデュース澤田隆治の「ザ・ぼんち」の武道館である。「恋のぼんちシート」が大当たりして胸くそ悪かったビートたけし&高田。この年の元旦から「たけしのＡＮＮ」はスタートしていた。前売り券はなかなか売れず、とうとう澤田はありとあらゆる新興宗教に入りチケットを売りまくった。

「ハイ○○教に入りますんで４００枚、ハイ××教は３００枚」と売っていき、最後は宗教団体10個位に入っちゃって訳わからなくなり何を信じていいか心苦しく、とうとうお経あげながら十字をきったりしていた……という噂。私は柱の陰から見ていた。

　その次は春風亭小朝が武道館で落語界初の独演会。私もスタッフとして手伝い、悪友景山民夫に小朝版の「地獄八景」の脚色をお願いした。ここでは景山の団体を動員した訳ではない。最近見かけない松本人志の武道館も行った。一人で自分磨きをしていた。

　大きいハコ（会場）といえば「ＴＰＧ」（たけしプロレス軍団）の両国国技館も盛りあがったなあ。ビッグバン・ベイダーである。突然の対戦カード変更にプロレスファン大激怒。大変な暴動が起き、陰であおっていたのは私だった。缶コーヒーが飛んできたので慌てて逃げた。会場をあとにする私の捨て台詞は「たけし！　ふざけんなよ」であった。

　そして１９９０年の東京ドーム。そう、マイク・タイソンをリングサイドで息子と見たのだ。この日の前座が辰吉丈一郎。なんとタイソンＫＯ負け。招待券にもかかわらず私は「金返せ!!　金返せ!!」と怒鳴っていた。

　あの日の東京ドームに比べれば、今回のオードリーの東京ドームのなんという楽しさ。おみごと。フワちゃんvs.春日の茶番プロレスも見方によっちゃ、良かった。若林そして星野源の歌とエピソード、ビトタケシ、松本明子の空振りぶり。どれを想い返しても胸が熱くはならない。オードリー、さあ次はどこへ行く？　やっぱり東洋館か。

高田文夫（たかだ・ふみお）
1948年東京都渋谷生まれ。日本大学芸術学部放送学科を卒業後、放送作家の道を歩む。『ビートたけしのオールナイトニッポン』（ニッポン放送）、『オレたちひょうきん族』（フジテレビ）など数々のヒット番組を生む。1989年にスタートした『高田文夫のラジオビバリー昼ズ』（ニッポン放送）は35周年を迎え、2024年6月28日に東京国際フォーラム・ホールＡで『高田文夫のラジオビバリー昼ズ　リスナー大感謝祭〜そんなこんなで35周年〜』を開催。最新刊は6月6日発売『月刊Takada　芸能笑学部　丸ごと一冊高田文夫』（飛鳥新社）。

安島 隆（総合演出）×石井 玄（製作総指揮）

ディレクターとしてオードリーのANNに深く関わってきた石井玄と、「たりないふたり」の演出で若林と親交の厚い日本テレビ・安島隆。今回、製作総指揮と総合演出を担ったキーマンであるふたりに、ドーム公演について改めて振り返ってもらった。いまだ余韻に浸りながらの対談——。

どんなイベントだったのか、まだ言語化できていない

石井　約1年間、週に一度の定例会議をやりながら、公演間近は毎日のように安島さんとお会いしてがっつりお話ししていたのに、本番以降でこうしてじっくり話すのは初めてですね。

安島　そうですね。毎週土曜日の放送前にもスタッフ会議があったんで、最低でも週に2回はドーム公演の打ち合わせがあって。それが急になくなったから、調子が狂うというか、なぜか痩せました（笑）。

石井　確かに、細くなってますね（笑）。公演から2ヶ月近く経ちますが、遥か前の出来事にも感じるし、昨日のことのようにも思える。不思議な感覚でいます。

安島　僕はまだ、これがどんなイベントだったのか、自分の中で消化しきれていなくて……。言語化できてないまま、今日は来ちゃいました。

石井　僕もそうです。まだ総括できてない。まったく無理（笑）。

安島　トークがベースのラジオイベントであることは間違いないんだけど、お笑いイベントでもあるし、プロレスも音楽もあったし……。なんだかよくわからないけれど、5万3千人のお客さんがドームに入って、配信やライブビューイングを合わせると、16万人が観た。その事実だけが残っている感じ。

石井　一応、イベントにおける「役割」を説明すると、僕が製作総指揮で、安島さんが総合演出ということでした。

安島　僕は最初に参加した時点では、漫才パートの演出はなんとなく任されていたけど、総合演出ではなくて。若林くんと石井さんが煮詰ま

「スタッフ全員に本気の熱量があったからこそできたイベント」（石井）

っちゃったときの相談役というか、一歩引いた位置からふたりの会議を眺める、座持ちみたいな役割（笑）、という認識でした。

石井　最初は公演全体の演出と、イベント全体をまとめるプロデューサー――予算管理、チケット販売からグッズの制作販売、運営、協賛、宣伝など、かなり細かい部分まで扱う役割とを僕が兼任していたんです。武道館ライブの経験から、その方が何事においても決断が早くできる実感があったから。でも、同時期に走らせていた大規模なイベントがもう一つあったのと、東京ドームは規模がデカすぎて、一人ではどうにも回らなくなってしまった。それで、安島さんに、各コーナーのディレクターさんたちのトップになっていただくことになって。端的に言うと、イベント全体のまとめ役が僕で、演出のトップが安島さん。

安島　東京ドームでラジオイベントをやるという、得体の知れなさだけでも大変。それなのに、演出をやりつつ、チケットが売れるかどうかの心配もしながら、15周年展やリアル脱出ゲーム、番組本も考えないといけないなんて、使う脳みそが違いすぎて異常ですよ（笑）。ディレクターって、良くも悪くも視野狭窄になる仕事だから、そっち側を僕が分担することになったという感じですよね。

石井　そうですね。一体どうやってやろうとしてたのか（笑）。安島さんにいていただいて本当に良かったです。その時、各コーナーのなんとなくの構成は決まっていましたが、ディテールは全然決まっていない状態でした。

安島　僕としては、各コーナーそれぞれの面白さを最大化しながらも、それらを「串刺し」にする、一つのイベントとしてまとめる必要があると感じて。その串刺し作業を担った認識です。でも、今回は、「オードリーのオールナイトニッポンin東京ドーム」と、イベントタイトルが確定していましたよね。これがかなり大きかったです。

石井　はい。早い段階で決まっていました。コンセプトと言い換えられると思いますが。

安島　「オードリーのオールナイトニッポンを東京ドームでやる」ことが決まっている。つまり、最後はラジオに戻ればいいわけで、それは「串刺し」を考えていく上で、大いに助けられました。これが、「オードリーとその仲間たちのエンタメショーだ」ということでスタートしていたら、結構大変だったはず。

石井　実際、そちら側に振り切った時期もあって……。

安島　若林くんと石井さんはいろいろなイベントを観たりして、東京ドームという空間をものすごく勉強していたから、「これって春日を宙吊りにしないといけないんじゃない？　ドームってそういうことじゃない？」みたいな案もリアルに出たりしていましたよね。ドームらしいことをオードリーがやるという方向性。

石井　「東京ドームの正解」ってどこだ？と探っていく過程でブレてみたり、原点に立ち返ってみたり……。相当いろいろな選択肢をつぶしていって、結局、当初話していた構成に辿り着いた感じがします。

安島　今日、ぜひ話したかったのはオープニングのトウモロコシ畑のこと。

石井　ああ、あの件ですね（笑）。

安島　オープニングのアニメが出来て、星野源さんの「おともだち」を合わせたら、想像をはるかに超える素晴らしいものになった。それで、トウモロコシ畑の映像をカットした方がいいのでは？と僕が提案したことになっているのですが、それは違うということは言いたい（笑）。

石井　会議で出た話だから、誰が言い出したかはわからないのが真相かと（笑）。

安島　そう言われると自信はないです（笑）。

石井　トウモロコシ畑については、撮影したのが去年の夏で、まだオープニングの構成も全然出来ていないなかで、若林さんから撮影したいって連絡があって、安島さんにも連絡があったんですよね。

安島　いま帯広を逃したらアメリカまで行かないと撮れないかも、と聞いて、無責任にも「絶対行くべきだ！」と押したんです。その時にはまだ構想になかったけど、結果、『フィールド・オブ・ドリームス』のオマージュで、若林くんがトウモロコシ畑でつぶやく「それを作れば、みんながきっとやってくる」のセリフの後、センターステージにラジオブースが現れる演出になったから、撮っておいて良かった（笑）。

誰ひとり欠けても、成功できなかった

安島　今回、イベントトータルのプロデュース・演出プランを考え、背負った若林くんがかなり細かいところまでこだわり、関わっていた

「オードリーってすごいんだぞと、絶対に伝えたかった」（安島）

ことにも驚きました。例えばグッズのデザイン一つとってもすべて確認するし、サンプルが2次元の見本ではなくて、実際に作られたものというのにもびっくりしました。どうなっているんだ、この熱量とスケール感、と。

石井　種類も量も、めちゃめちゃたくさん作りましたからね。

安島　ドーム・野球・ラジオという要素を入れ込みながら、どうしたら面白いイベントが作れるか？　ファンに喜んでもらえるか？　いつ何時もリスナーファーストでい続ける若林くんの創造性と熱量に負けないように一緒に走っていこうって決めた瞬間があったことも思い出します。

石井　そう、熱量について言えば、東京ドームで公演をやるぞって決めた時点で、僕は一番に火が点いているんです。その火が徐々にチームにも広がって、みんなで一緒に走っていく感じだったんですが、年単位で走り続けているので、メンタルも浮き沈みがあって。でも、そういう時に、安島さんのように新しい仲間が高い熱量で入ってくれて、それによってまたエンジンが加速していく。その繰り返しで、なんとか最後まで走り切ることができたような気がしています。スタッフの皆さんそれぞれに、オードリーの仲間として、リトルトゥースとしての“物語”があって、仕事ではあるけれど単なる仕事ではない。そんな熱量に本当に助けていただきました。皆さん、本気を出してくださって、誰ひとり欠けても成功できなかったですから。

安島　参加スタッフの熱量は本当に高かったですよね。イベント当日はどうでした？

石井　当日はとにかくスケジュールがとんでもなくて……。一秒も無駄にできない、隙がないタイムスケジュールだったから、安島さんともゆっくり話すこともなかったかと。

安島　それぞれがやるべきことを必死にこなすので精一杯でしたよね。

石井　そうそう。で、本番が始まったら、本当にあっという間に終わっていった（笑）。みんなで時間をかけて積み上げていったものが、一瞬で、ばーーっと倒れていく、ドミノ倒しに近い感覚でした。

安島　東京ドームでリハーサルと公演をたった一日でやったわけですから、ここまで諸々を整えた石井さんは本当に大変でしたよね。誰も真似できないと思う。

石井　当日の朝にセットが組まれるまで全容が分からないなんて、そんなスリリングなこと、自分でもよくやったなと思います。何回も、ああもうダメかも、って思う瞬間はありました。具体的には話せないことばかりですが、でも、僕が弱気になったらチーム全体の士気が下がる。だから「いや大丈夫、絶対できるから」と、謎の自信をいつも放つようにしていました。

安島　これぞ製作総指揮（笑）。

石井　このイベントをどうにか成功させたいという共通の目標を、皆さんが強固に持ってくれたのも大きかったです。だから、本番では全然ヒヤヒヤしなかった。「やるしかない」からですけど（笑）。今回すごく良かったと思うのは、安島さんはじめ、テレビ業界の方がたくさん関わってくださったこと。オールナイトニッポンはじめ、ラジオの現場って基本生放送で、失敗すらもリスナーに楽しんでもらえたらと思っているところがあるのですが、テレビの人はそうではない。完璧を求める方が多い。

安島　そうですね。

石井　どちらのスタッフもいてくれたから、すごくバランスが良かったし、「観たかったシーン」は想像以上のものになったから最高に気持ちよかった。

安島　ひろしのコーナーなんかは特にそうで、「ここだけは絶対に決めたいポイント」が確実に押さえられてよかったですよね。とんでもない類のポイントだけど（笑）。

石井　こうして話していくといろいろ思い出します。一番心に残っているのは、やっぱり、5万3千人のリトルトゥースの熱気がとにかくすごかったこと。最初キョロキョロしちゃいましたもん（笑）。

安島　遠くのお客さんの顔もよく見えましたよね。そういえば、今回ターニングポイントになった言葉だったなと思うのは、構成や演出を考えるにあたって若林くんは「当日は、お客さんが一緒に作ってくれるはずだ」って何度も言っていて。

石井　本当にそうなりましたね。

安島　だから僕は、普段の演出の仕方をいったん全部捨てたんです。テレビの場合、初見の人にも伝わり、どんな人にも理解しやすい演出を心掛けるのですが、今回はそうではない。大切なのは、中にいろいろなジャンルのモノを入れても楽しみ方が端的に伝わる「器」を作ること。いちいち細かく説明しすぎると、お客さんは企画を押し付けられている感覚になって、むしろ醒めちゃうんじゃないか？と考えたから、リスナーとの信頼関係を前提に構成・演出することを目指しました。

石井　それで言うと、幕間のTAIGAさんとジョーさんのネタ部分とか、最近聴き始めたリスナーには分からなかったかもしれないけど、僕はそれでいいと思っていました。ここ数年の放送を軸にはしつつ、15年という番組の歴史も入れこみたかったから。

安島　あれは本当にすごい。僕もよく知らないエピソードで、勉強しました（笑）。あそこは、長く聴いているリスナーにとっては宝物になるブロックでしたよね。それと、僕がもう一つ意識したのは、オードリーってすごいんだぞと、リスナー以外や彼らを深く知らない人にも絶対に伝えたかった。

石井　確かにそこの調整はすごいやりましたよね。そして、オードリーってすごいな!って多くの人が感動した。大成功じゃないですか（笑）。

安島　結局、今日話してみてもこのイベントがどんなものだったのかは総括できないままだけど……。

石井　まだまだ余韻に浸りましょうか（笑）。

安島　そうですね、きっと若林くんがそのうち総括してくれるだろうから（笑）。

石井玄（いしい・ひかる）
1986年、埼玉県生まれ。2011年、サウンドマン（現ミックスゾーン）に入社。『オードリーのオールナイトニッポン』などにディレクターとして携わり、『オールナイトニッポン』全体のチーフディレクターを務めた。2020年にニッポン放送入社後は数々のイベントのプロデュースを担当。2024年、ニッポン放送を退社し株式会社玄石を設立。

安島隆（あじま・たかし）
1973年、東京都生まれ。1996年、日本テレビに入社。演出家としてテレビ番組のほかライブなども手がける。若林と南海キャンディーズ山里亮太のユニット「たりないふたり」の仕掛け人として、番組と連動したライブを演出するなど、オードリーとの関わりも深い。

東京ドーム

若林正恭

ＮＢＡの選手の中ではジェームズ・ハーデンが好きで、まだハーデンがロケッツに居た頃、ヒューストンでのホームゲームを現地で観戦した。

２０１８年の終わりの頃だった。

試合が終わって、客席からコートに背を向けて自撮りをしていた。一人旅だった。

すると、現地のロケッツの服を着た男性が話しかけてきた。

〝picture〟という単語だけ聞き取ることができて、写真を撮ってくれるということが理解できた。

スマホを手渡すと、４枚の写真を撮ってくれた。

「サンキュー」

「You're welcome.」

男性は一緒に観戦に来ていた女性の肩を抱いて去っていった。

私が胸に〝Ｈ-ＴＯＷＮ〟とヒューストンを表すプリントが施してあるパーカーを着ていたから、ファンということがわかったのだろう。それで優しくしてくれたのかもしれない。

その４枚の写真は、今もとても大切な宝物だ。普段の仕事の写真撮影で、私は何度も「笑顔でお願いします！」と言われる。そんな私が、遠く離れた外国の地で人の優しさに触れて温かい気持ちになったのか、柄にもなくダブルピースをしている。

２０２３年の日本シリーズ。甲子園で阪神の試合を観た。

阪神のユニフォームを着ていたので、たくさんの阪神ファンに話しかけてもらえたことが、とても嬉しかった。

子どもの頃から、野球観戦といえば東京ドームの巨人戦か神宮球場のヤクルト戦だった。そんな私からすると、９割方阪神のファンで埋め尽くされた甲子園の居心地の良さは格別だった。

その時ふと思った。

もしかしたら、普段みんな生きていて、これぐらい居心地がいいのかな？

朝井リョウ氏の小説『正欲』にこんな台詞が出てくる。

〈地球に留学してるみたいな感覚なんだよね、私〉

映画『正欲』でのこの台詞のワンシーンは、それだけで一本の映画が成立するほどの力と美しさがあった。

いつもよくわからなかった。

約15年前にテレビの仕事をいただくようになった。ゴールデンの大人数の特番などで、みんなが何を楽しんでいるのか、どう楽しめばいいのか、何を言うのが丁度いいのか、どういう顔をしていればいいのか、よくわからなかった。

ただよくわからないだけなのに、楽しそうにしていないと、それだけで造反者のような目を向けられる。悪目立ちは避けたいから擬態する技をほんの少し覚えたけど、結局、今もよくわからない。

若手の頃、朝まで続く事務所の飲み会の楽しさがよくわからなかった。どんな話をすれば丁度いいのか、どんな振る舞いをしていれば丁度いいのか、よくわからなかった。

幼稚園で、「大きな栗の木の下で」をみんなで歌う楽しさがよくわからなかった。

これってみんな楽しいんだ。

これってみんな嫌じゃないんだ。

と、初めて目にする留学先の文化みたいに、遠巻きに眺めてきた。

勿論、今更被害者面するつもりはない。反骨心も、もうまったくない。寧ろ、感謝のフェーズに入っている。なぜなら、私が今こうして生活できているのは、留学生の視点のおかげだからだ。

NFLのスーパーボウルのロケでは、俺と相方は決勝2チームのそれぞれのユニフォームを着る。

試合がある週は、super bowl weekと呼ばれて、開催都市は文字通りお祭りだ。

選手の写真がプリントされた幟《のぼり》が街の至る所に立っていて、ビルの壁には巨大な選手の写真が至る所に貼り付けられている。

当日は両チームのユニフォームを着た人で、街はごった返す。

ユニフォームを着ていると、すれ違うファンにあらゆる場所でハイタッチを求められる。

試合当日、スタジアム周辺は両チームのファンで埋め尽くされ、駐車場ではテールゲートパーティーと呼ばれるバーベキューが行われている。

日本では見られない規模の集客数のスタジアムで、試合もハーフタイムショーも盛り上がる。

試合翌日の空港もユニフォームを着た人で溢れ返り、昨日の疲れを引きずった顔で搭乗手続きに並んでいる。

一瞬のプレーが、頭の中で何度も何度もリプレイされる。

あの時あの瞬間に、勇気を出した選手のプレーがお守りになる。

スーパーボウルの帰りに、毎回俺はずっとこうだったらいいのになって思う。ハレの日が成り立つには、誰にもカウントされることがないケの日の積み重ねが必要なことも知っているけど、それでもそう思う。居心地が良い。居ることが容易い。みんなが何が楽しくて、何に感動しているかが〝わからなくない〟。このお祭りの意味がよくわかる。いろんなことがよくわからない私にもよくわかる。

「みんな阪神のユニフォームを着て甲子園に居る時みたいな気持ちで、社会に参加してるのかな？」

コミュ力と呼ばれるものが、比較的高そうな人に聞いてみた。

「若林くん、そこまでじゃないよ」

最近特にそう思ってしまうんだけど、本当にお笑いが好きなのかな？と、自分を疑ってしまう。

春日と過ごす昼休みが楽しかっただけで、それをなんとなくお笑いだと思っただけじゃねぇのかな？って最近よく考える。

居心地がよかった。

朝から夕方まで学校に居るのって、なんでみんな嫌じゃないんだろうって不思議だった。

でも、昼休みと部活は居ることが難しくなかった。スポーツはルールがあって、何をすればいいいか、何をしちゃいけないかが、みんなに共通しているから楽だった。

人と合法的にぶつかれるのが楽しくて、それで部活終わりにまた昼休みの続きができるのが楽しかった。何が楽しいかがすごくよくわかった。


もうエッセイでもドラマでも擦り倒してるから詳しくは書かないけど、今から約20年前に青銅さんに出会った。俺の記憶ではあんなにお笑いで褒めてくれた人ははじめてだ。

それで、15年前にオールナイトニッポンがはじまって、スタッフの縁に恵まれた。行き当たりばったりで突き進むので、チーム付け焼き刃と名付けた。

10年前に東京国際フォーラムで当時のスタッフが反対を押し切ってライブをやってくれて、その時に俺は肌で、五臓六腑で、全細胞で、ラジオがライブをやることの意味と価値を感じた。

5年前に青森、一宮、北九州でラジオのライブというものをみんなで叩いて、武道館では演者もスタッフもしっかり研がれて付け焼き刃は真剣になった。

そして、東京ドーム側にリトルトゥースの子が現れて、概念としても、事実としても、ビジネスとしても、リスナーが東京ドームに導いてくれた。

オードリーのオールナイトニッポンは、はじまってから今日までずっと居心地が良かった。そんな場所があるなんて、俺にとっては信じ難い奇跡だ。

だから、ラジオはやること自体が目的。

これをやったら評価されるとか、何かに繋がるとかまったく考えてない。

ただ、ニッポン放送で春日と話すことが快楽。そこで毎週しゃべっていたら、気づいたら東京ドームでラジオをやることになっていた。

最近、ふと思う。友達だとしても、週に1回は会って話を聴いてくれる人。それが何年にもわたってなんてことが、人生にどれだけあるだろうか。
ずっと聴いてくれてる人、
途中から聴いてくれてる人、
聴くのをやめたけどライブは行っとくかって人、
聴くのをやめたけどまた聴いてる人、

たまに聴く人、
たまに聴かない人、
いろんな人の人生が、あの日、東京ドームに、全国の映画館に、全国各地に、Pop Virusの時のスマホライトみたいに光って居た。

本当に、〝おともだち〟この上ない。

いちラジオ番組に過ぎない「オードリーのオールナイトニッポン」のライブに、全国から、海外からも、東京ドームに集まってくれて、そして、LINE CUBEにも、全国の映画館にも、リトルトゥースが足を運ぶ。そんな狂った光景を1年かけてみんなで作った。

でも、何回もありがとうは言わないよ。

オードリーがおもしろかったということが、一番の理由だから。

ネット記事にリスナーとの関係性とか書いてあったけど、そんな甘いもんじゃないよ。

フツオタ読まないし。ずっと聴いてますって熱いメッセージをいただいたことも沢山あったし、最近つまんなくなったって言われることも沢山あった。ずっと聴き続けますって言ってた人が「遠くに行っちゃった」とつぶやきながら遠くに行っちゃったことも何度もあるし、「最近つまんなくなった」と言っていた人が「最近またおもしろくなった」と戻ってくることも何度もあった。

そういう水の如く移ろう状況の中で、我々にできることは毎週ラジオをすることだけだった。15年間。ニッポン放送で春日と話すのが、ただおもしろかっただけ。全然遠くに行ってない。ずっと有楽町に居た。

東京ドームライブで目指していたものはただひとつだけ。

みんなが居るのが難しくない場所を創ること。

世界全部が居るのが難しいと、居るのが難しい世界になってしまうけど、ひとつでも居心地が良い場所が、それがたった数時間だけだったとしてもあると思えれば、世界は居心地が良い場所と悪い場所がある世界になる。

なんか謎解きの文章みたいになっちゃったけど、単純に、居心地の良い世界があり得ると思えれば、生きていける。そういうことだ。

俺にとって「オードリーのオールナイトニッポン」はそういう居場所だった。ドームライブ後のはじめての通常放送の時、ほぼ全員のスタッフがビジターのユニフォームを着てブースに集まっていた。

放送が終わり、帰りにエレベーターの中で呟いた。

「大変だなぁ、みんなまだ仕事残ってるんだ」

「いや、それが、みんなもう仕事ないんですけど、なんか知らないけど来たんですよ」

目を丸くした。

「なにしてんだよ、早く帰れよ！」

東京ドームライブの日の夜は、ドームホテルで打ち上げがあって

AUDREY ANN IN TOKYO DOME

帰る元気はなかったので、そのままドームホテルに泊まった（外堀通り側）。

前の日はぐっすり眠れたのに、全然眠れなくて、1時間おきに目が覚めてしまう。あまりにも眠れないので、辺りがまだ真っ暗だった4時頃、ドームに散歩しに行った。物販の列があった辺りに腰を下ろした。なんだ、この時間にドーム見上げてんの俺だけかよ、みんな情けねぇな。

これだけやっても地上波テレビの世界での立ち位置は変わらない。武道館で知ってる。これだけやっても、コンテンツ大量消費の時代の波に数日で押し流される。「明日のたりないふたり」で知ってる。

それでも、一粒でもいいからアメーバを残したい。留学生のみんなに1日だけでも、3時間だけでも、ホームを作れただろうか。

「明日のたりないふたり」って何年前だっけ？　3年ぐらい前か。

本当に勘弁して欲しい。まぁ、自分でやったんだけど。

妬み嫉み恨み辛みで何かを作ることを自分で終わりにして、終わりにしてみれば、そのうち何か見つかるだろうって高をくくってた。

全然、見つからなかった。

中年の危機なんて、実はほとんどの人が経験しないらしい。くそっ。

誰かが思う存分やるのを見届ける仕事が多くなって、自分の思う存分は望まれなくなって。でもそれって、自分で括っちゃってるだけなのかな？って迷って、彷徨い続けた3年間だった。長かったな。

でも、本当に嬉しかったな。ドームのフィールドで自転車を漕いでいる時、今日は思う存分やってくれよっていっぱい聞こえるんだもの。思わずニヤけちゃったよ。

なんで全部知ってんの？って思ったけど、毎週話を聞いてもらってたら、そりゃわかるか。


身をもって経験しなきゃわからないもんだな。

中年の危機の抜け方は意外とシンプルだった。シンプルというか、よく知っていたはずなんだけどなぁ。

それは、自分で精魂込めて育てたトウモロコシ畑を刈ることだった。捨てるという意味で刈ること。

今思うとありふれた話だ。中年の危機系の映画は、全部そういうストーリーだよ。

ライブの数ヶ月前。カーテンコールの後、エンドステージのモニターに映し出されたトウモロコシ畑に帰っていくエンディングを提案された。でも、断った。

こっちは、最初にトウモロコシ畑から抜け出していくとこから、ようやくまたはじめられるのだから。


（了）

オードリーのオールナイトニッポン in 東京《とうきょう》ドーム 公式《こうしき》余《よ》韻本《いんぽん》

企画
小川勇樹（ニッポン放送）
冨山雄一（ニッポン放送）
林 佑介（ニッポン放送）
川原直輝（ニッポン放送）
佐野明子（ニッポン放送）

監修
石井 玄（玄石）

編集
武政桃永（新潮社）
後藤亮平（BLOCKBUSTER）
中野 潤（BLOCKBUSTER）

執筆
後藤亮平（BLOCKBUSTER）
武政桃永（新潮社） P63〜66、P76〜81、P94〜96
久保田裕子（新潮社） P82〜83

アートディレクション
山﨑健太郎（NO DESIGN）
中野 潤（NO DESIGN）

デザイン
山﨑健太郎（NO DESIGN）

写真
中川和泉 P1〜56、P102
難波雄史 口絵外側右、P1〜56、P60、P97
青木 登（新潮社写真部） P1〜56、P78、P94〜95
曽根香住（新潮社写真部） P1〜56、P57、P66、P80〜83
安東佳介（SENOBI）口絵内側＋P1、P8、P63〜64、P104
長野竜成 口絵外側左、P17
浜村菜月（LOVABLE） P67

制作協力
原 航平
髙橋秀実

マネージメント
佐藤大介（ケイダッシュステージ）
岡田裕史（ケイダッシュステージ）
石澤鈴香（ケイダッシュステージ）

スペシャルサンクス
リトルトゥース
「オードリーのオールナイトニッポン in 東京ドーム」スタッフ

JASRAC出 2404081-402

発行 2024年7月20日
2刷 2024年8月20日
著者 オードリー
発行者 佐藤隆信
発行所 株式会社新潮社
〒162-8711 東京都新宿区矢来町71
電話 編集部 03-3266-5611
読者係 03-3266-5111
https://www.shinchosha.co.jp
組版 新潮社デジタル編集支援室
印刷所 大日本印刷株式会社
製本所 加藤製本株式会社

ISBN978-4-10-355432-5 C0076